瞬殺怪談
呪飢

我妻俊樹
小田イ輔
黒木あるじ
黒 史郎
神 薫
つくね乱蔵
真白 圭
松本エムザ
鷲羽大介
平山夢明

竹書房

目次

かくれんぼ

村上さんの一人息子、祐司くんは今年で四歳になった。

色々なものに興味を持ち、何にでも挑戦する年頃だ。

祐司くんも例外ではない。特に好むのが探検ごっこだった。

とは言え、戸外に出るわけではない。探検場所は、あくまでも家の中だ。

ある日、祐司くんが自慢気に村上さんに報告した。

村上さんは隊長の役割であり、報告するのが決まりになっている。

「おとしあなをみつけたよ」

台所にある床下収納庫のことだろう。早速、村上さんは探検を命じた。

颯爽《さっそう》と居間を出ていった祐司くんは、そのまま姿を消した。

家の中にいるのは確かだ。泣きながら、助けを求めている。

だが、何処《どこ》をどう探しても見つけられない。二時間後、祐司くんは二階の押し入れから出てきた。

最初に探した場所だ。その時、いなかったのは確実である。

今まで何処にいたのか、どうやって押し入れから現れたのか、そもそも落とし穴とは何なのか。

いずれの質問にも祐司くんは答えられなかった。

外傷は無かったが、著《いちじる》しく知能が退行していたからである。

幸いにも、今現在は緩やかに元に戻りつつあるが、異様なほど暗闇を恐れるという。

いなくなる

関さん一家が温泉地のホテルに泊まったときのこと。

興奮して部屋を走り回るひとり娘が、押し入れの襖《ふすま》の前に立ち止まって突然「はーい！」と叫んだ。

誰に返事をしたの？　と訊ねると「タチバナせんせい」と答える。

橘先生というのは、娘の幼稚園の担任の若い女性だ。

夫婦で顔を見合わせていると、娘はこう続ける。

「いなくなるから、わざわざあいにきたんだってー」

少し嫌な予感がしたが、旅行から帰った娘を橘先生は元気な笑顔で迎えてくれたようだ。

だが卒園間近の週末にツーリングに出かけた先生は、海岸にバイクを残して行方不明になった。

十四年経った現在も、消息がわからないままだという話である。

BJによろしく

「……に、ブラックジャックによろしく」

公園の遊歩道ですれ違った男に言われ、「はぁ」と首を傾《かし》げた。

暫《しば》らく歩き、「この先の木に、ぶら下がっているのでよろしく」と、後事を託されたのだと気がついた。

鐘

Ｉくんの部屋は事故物件である。

「でも、霊はでません」

代わりに、すぐ近くで鐘の音がするという。

「夜中に何かの気配で目が覚めると、ごーんって音がするんです」

ちなみに近所に寺はなく、また同じマンションの住人にも聞こえない。

彼の部屋でだけ聞こえるそうだ。

遠くの寺の鐘の音じゃないかと云うと。

「大晦日じゃないんですから」と笑った。

鐘が鳴った翌日だけ、彼は塩を塗って躯《からだ》を擦《こす》る。

でないと背中がひっかき傷だらけになるのだという。

「痛くはないですよ」

火の玉アタック

あれはきっと火の玉だ。

自宅近くの路地。フェンスの上をぷかぷかと浮かぶ光の玉を見て、幼稚園児だったエミさんはそう確信した。「おばけの絵本」で見た、白いおたまじゃくしのような物体とは色も形も違っていたが、赤に近いオレンジ色に燃える完全な球体のそれは火の玉に違いないと、少しも疑わなかった。夢中になって球体のあとを追った。はたから見れば、ひらひら舞う蝶々を追いかける、無邪気な姿に見えたかもしれない。だがエミさんはこれが自分に与えられた使命なのだと、なかば盲信的に火の玉を追い続けていた。

追いかけていくうちに火の玉が、フジテレビ系列のバレーボールマスコットキャラクター「バボちゃん」に見えてきた。アタックを決めたい衝動に駆られ、ジャンプしようとした瞬間、目の前をトラックが猛スピードで走り抜けた。

交差点に飛び込む、すんでのところであった。

火の玉は道沿いの塀《へい》の向こうに飛んで行き、ふいと消えた。そこには寺の墓地が広がっていた。東京都文京区T尾坂での出来事である。

なれそめ

T君が大学生の頃に住んでいたアパートでは、夜に時々、リコーダーの音が鳴った。

「四、五日に一回ぐらいのペースで数秒、ぴょろぴょろって、曲にもなんにもなってない、子供がふざけて吹いてるみたいな音がしていました」

角部屋であり右隣の部屋は空室、隣室から漏れてくる音ではない。

「リビングと寝室の二間があったんですが、リビングから聞こえてきてたように思います」

何日か友人を泊まらせ、音が聞こえた時に顔色を窺《うかが》うなどしたが気付く気配はない。

「何人も試して『笛の音しなかった？』って訊いても『はぁ？』みたいな感じでした。録音しようと待ち構えたこともあったんですけど、そういう時に限って鳴らなくて」

ある日、知り合った女の子を泊めたところ「え？　何か笛の音するんだけど」と言う。

「あ、この娘《こ》聞こえるんだ！　って嬉しくなって。良かった俺だけじゃないと」

以降、付き合いを深め、後にT君はその女性と結婚した。

「なので、あのリコーダーの音が馴れ初めなんですよ、運命感じて」

アパートを引き払ってから聞こえなくなったのがちょっと寂《さび》しい、とはT君の弁。

七人のまろうど

保さんが新規オープンの商業ビルに行った際、赤、青、黄色などカラフルな服を着た男女が七人、楽しげな様子で地下一階からエレベーターに乗り込んでいくのを見た。

その七人の次に乗ろうと保さんが近づいたところ、上階に移動したと思ったエレベーターはまだ地下一階に待機しており、開いたドアの中には誰もいなかった。

それから五年後、保さんはまた同じビルの地下一階でエレベーターを待っていた。

最上階からエレベーターが地下一階に着いた時、黒ずくめの人々が打ちひしがれた様子で出てきた。喪服の男女七人を後目に保さんがエレベーターに乗り込むと、目的階のボタンを押す前に再び扉が開いた。

保さんが降り立ったそこはどういうわけか、最上階だった。地下一階から最上階へエレベーターが瞬間移動したとしか思えず、まるで狐につままれたようだった。

その体験から半年ほどでテナントがバタバタと閉店し、その商業ビルは閉業してしまった。築五年だというのにビルは急速に寂れ、もはや廃墟の佇まいである。

ビルに出入りしていた謎の七人は、座敷童の類だったのかもしれない。

見知らぬ遺影

サオリさんは南の小さな離島へ、ひとりでのんびりするため飛行機と船を乗り継いで行った。宿泊先は、つい最近に家を改装してはじめたばかりだという、民泊である。アットホームといえば聞こえはいいが、単なる民家にしか見えない。だがオーナーはいかにも南国らしいおおらかなムードのおばあさんで、好感が持てたし、豪華なホテルに泊まりたいわけではないので、それでよかった。

宿は思ったより混んでいて、あてがわれた部屋は、簡素な仏壇と先祖の写真が飾られた仏間だった。でも陰気な感じは少しもなく、やさしそうなおじいさんやおばあさんたちが、内地とはちょっと違った南国情緒あふれる衣装を着て、微笑《ほほえ》んでいる。歓迎されている気分になった。

仏壇の扉は閉じられていたが、その中は内地とどう違うのか、好奇心が湧いてきた。サオリさんは、しばらくお世話になるのだから挨拶をしよう、そんな口実を思いついて、開けてみた。

中には、色鮮やかな装飾のついたろうそくと、線香立てと鈴、そして一枚の古いモノクロ写真が立てられていた。かなり古いものらしく、傷んでいる。写っているのは若い女性で、やはり南国の着物をまとい、髪の毛も高く結い上げてある。

しかし、見慣れぬ姿をしているが、どう見ても昨年、交通事故で夫ともども亡くなったサオリさんの妹に見える。

サオリさんの実家は、先祖代々北陸の出で、南国の離島とは縁もゆかりもない。オーナーのおばあさんに訊いてみると、この写真の女性は、オーナーを産んですぐ亡くなった母親だということだった。

サオリさんはどうしても気になって、実家の母に電話をかけてみた。

電話の向こうでは、母が引き取って世話をしている、妹の遺《のこ》した三歳の娘が、熱を出してうなされていた。


サオリさんが旅行を終えて帰り、実家に立ち寄ると、姪は熱も下がってすっかり元気になっていた。

死んだ母親を思い出しては、たびたび夜泣きをしていた姪だったが、それ以来、母を恋しがることはなくなったそうだ。

〈見える人〉の見る世界

紫さんは霊感の強い、いわゆる〈見える人〉だ。

「どうすれば霊が見えるのかって？　目で見ようとするのは素人ね。出会った霊の情報は、自動で脳に送られてくるの。ビジュアルイメージが瞬時に頭に浮かんでくる感じ」

そうやって感知した霊が善良か邪悪なのかも、即時に判定可能だそうだ。

現在、紫さんには、一つ気になることがある。

「二〇二〇年頃からかな。街中で、オーラが人間じゃなくなってる人を見るようになってね。後ろの人……背後霊が人の形をしてなくて、昆虫みたいになってる人が増えた」

人の霊ならば様々な情報を受け取れる紫さんだが、昆虫めいた霊からは何一つ読み取ることが出来ない。ここ数年、非道で残虐な事件が目立つのは、人々の背後霊の異変と関係があるのかもしれない、と紫さんは言う。

「普通は生き方によって、後ろの人は変わっていくものなんだけど、虫みたいな奴はどうなんだろ。まったく、世も末って感じ。この先、人間様はどうなっちゃうのかしら」

彼女の予想では、人類の未来は明るくないらしい。その予想が外れると良いのだが。

S古墳

神奈川県にあるS古墳は高さ五メートル、墳径三十メートル、遠くから眺めると森の様に見える。昔は聖域とされ、みだりに入ると祟りがあるとされていたという。県指定の史跡である同古墳周辺は公園になっており、そこで富永さんは奇妙なものを見ている。片腕の無い裸の小柄な男性で、エスカレーターのパントマイムのように歩きながら地面に吸い込まれていった。それを目撃した日はずっと左手にマヒしたような感覚があった。

公園で見た男に欠けていたのは、左腕だった。

マダム・バタフライ

かつて家庭教師をしていたヒサヨさんには、忘れられない生徒がいる。

高校受験を控えた女子中学生。大人しく物静かな生徒だったが、その母親は服装も髪型も化粧もやたら派手な、本当に血の繋《つな》がった親娘かと勘繰《かんぐ》ってしまうほど、対照的な二人であった。いざ受験を終え、第一志望の女子校は落ちてしまったが、第二志望の共学校に合格することが出来た。母親は明らかに落胆の表情であったが、生徒本人はめったに見せなかった笑顔で「本当は、共学が第一志望だったの」と、こっそりヒサヨさんに打ち明けた。女子校を猛烈に推《お》していたのは、母親の方であったのだと。

春には就職も決まっていたので、合格報告を受けたその日が、ヒサヨさんと女生徒の別れの日でもあった。最後の授業料と共に、お世話になった御礼にと母親から小さな包みを渡された。アパートに帰って包みを開くと、文庫本ほどの大きさの額縁が現れた。中に収められていたのは、一匹の蝶の標本。青や緑の光沢を持つ翅《はね》を広げた、手のひらくらいはある黒い蝶。ヒサヨさんは、虫が何より苦手であった。

母親は何故こんなものを？　自分には理解しがたいが、綺麗で美しい品だと思ってプレゼントしてくれたのだろうか。善意に解釈しようとしたが、そのまま所持することにどうしても抵抗があった。四月からは配属先の地で新生活も始まる。蝶の死骸を、新居に持っていきたくはない。申し訳ないが処分してしまおう。

根が真面目なヒサヨさん、ごみはきちんと分別しなくてはと、額縁は不燃ごみに、蝶の本体は燃えるごみに出すため、黒い蝶をキッチンペーパーに包んで屑籠《くずかご》に突っ込んだ。

パリパリ――。乾燥した翅の破損する音が、ヒサヨさんの腕に鳥肌を立たせた。

配属先で、ヒサヨさんは日々仕事に打ち込んだ。残業、出張、休日出勤も大歓迎。寝食を忘れるように業務に励んだのには理由があった。部屋にいる際ふと気を緩めると、パリパリと翅が崩れていく、あのおぞましい音が耳元で聞こえてくるのだという。

寝るためだけに帰る部屋は、いつも大音量で音楽を流し、照明は極力暗くした。

「明るいと、どうしても目についちゃうんですよ。黒い粉っぽい汚れがあちこちに」

あれは鱗粉《りんぷん》だったんでしょうかと、ヒサヨさんはご自身の体験を語ってくれた。

人づてに聞いた話では、件《くだん》の女生徒は一年で高校を中退し、その後の消息は不明だとのこと。

青春

高校三年、ある日の午後。

彼女は同級生とふたりで屋上に忍びこみ、こっそり授業をさぼっていた。

恋バナ、教師の悪口、仲間の陰口。ひととおり話題が尽きて、ふと沈黙が流れる。

「ねえねえ。ウチらが入学する前にさ、屋上から飛び降り自殺した生徒がいるんだって」

いきなりそう言うと同級生は手すり越しに真下を覗き、なにかを確認していたが、

「あ、たぶんこの位置だ」

先生や事務員が使う通用口の真上あたりで足を止めた。

「その子、職員玄関の庇《ひさし》に頭ぶつけて顔が半分もげたんだって。つまり……ここから」

いっそう低い声で同級生が笑う。脅かしているつもりらしい。

しかし彼女は半信半疑だった。職員玄関の庇は、申しわけ程度に十数センチ伸びているだけの代物である。手すりを跨《また》いで飛ぶにしても、激突するには外壁から近すぎるのだ。

「それって単なる噂でしょ」

「違うってば。だって」

ふいにぼぞぼその声がした。

「だってここからとんだもの」

ふりかえると、階段のある塔室《ペントハウス》の上に人影が立っていた。

逆光で顔は分からなかったけれど、長髪の右半分がべっとり濡れているのは見えた。

あのとき自分だけ逃げだした同級生は、その後、彼女が屋上での出来事を口にするたび「やめて、やめてよ！」と半狂乱で泣きわめくようになった。

それが面白く、何度も話すうちに学校へ来なくなってしまったので消息は知らない。

足音

最近、香川さんは足音に悩まされている。家の中、しかも決まってトイレにいる時にそれは聞こえてくる。

便器に腰掛けていると、足音が階段を下りてくる。トトッ、トトッと独特なリズムだ。

聞いた瞬間、少し前に首吊り自殺した妻の足音だと分かった。

足音はトイレの前で止まり、しばらくして玄関から出ていく。

初めて聞いた時は、怖いというより不思議な懐かしさに包まれた。

何度か聞くうち、疎《うと》ましさが勝つようになった。

どうしても、遺体の発見当時の状態を思い出してしまうからだ。

ドアを開けた時、あれが立っていたら厭《いや》で堪《たま》らない。

今日も香川さんは、足音を睨《にら》みつけながら用を足している。

池

菜摘さんの父親は再婚した女性と海外で暮らしている。

あるとき父親は、自宅裏手にある池に誤って携帯電話を落としてしまった。藻が浮いた水の中に沈んだ携帯はたちまち見えなくなる。拾うことをあきらめて端末を買い直したが、そのとき番号も新しくなった。その新しい携帯に、池に落とした古い携帯の番号から時々電話が掛かってくるのだという。

出るとゴボコボという水中でしゃべっているような声が聞こえて、数秒で切れる。そんなことが何度もあったのでよく調べてもらったら、落とした携帯電話が手違いでまだ解約されていないことがわかった。

解約すると、それきり電話が掛かってくることはなくなったそうだ。

数年後に池が埋め立てられることになり、水を抜いたところ底にさまざまなゴミとともに父親の失くした携帯電話と、一体の人骨が見つかった。

未成年と思われる女の人の骨で、死後十年以上は経っていたという話である。

山の悲鳴

現役時代、土木関係の会社を経営していた、加納さんの話だ。

ある年、国土交通省の依頼を受け、とある山林の測量調査を行ったことがある。

人家のある村里からさほど離れてはいない低山だったが、それでも二日間、山の中で野営を行うことになった。

同行した三人の部下に指示し、手頃な平地にテントを設営したのである。

「まぁ、野郎四人で楽しくもないキャンプだけど、仕事だからさ」

その日も加納さんは、測量図に計測したデータを書き込むと、夜が更ける前に寝袋に潜り込んだ。次の日も朝が早く、なるべく長く睡眠の時間を取っておきたかったのだ。

だが彼は、すぐに目を覚ますことになった。

寝入りっぱなに、悲鳴のような声を聞いたからである。

訝《いぶか》しく思い、テントの外を覗いてみても何もなさそうだった。

隣の寝袋では部下が寝息を立てているが、静かなものだ。

寝惚けたのかと、再び寝袋に横たわると——

「きゃあぁっ！」と、若い女の悲鳴が聞こえた。

しかし、それはテントの内外から聞こえているのではなかった。

寝袋の生地越しに、テントのフロアシートから伝わってくるようなのだ。

訝しく思い、フロアシートに直接耳を当ててみた。

すると、「きゃあああ」、「うわあぁぁ」と、大勢の男女の悲鳴が聞こえてくる。

が、そんなことはあり得ない。

雑木林しかない山中で、地面から人の声が聞こえる筈はないのだ。

（……一体、何処《どこ》で悲鳴を上げているんだ？）

怖くなった加納さんは、横にならずに胡坐《あぐら》の姿勢で寝ることにした。

「お陰で、次の日は腰が痛くて仕方なかったよ。でもさ、わっかんねえのは、あそこってなんでもない、普通の山なんだよ。事件があったって話も聞かねえしさ」

その後、加納さんは仕事を引退し、いまではもう野営をすることもないそうだ。

震え

Twitterでバズっていた心霊写真が、アオイさんのタイムラインにも流れてきた。廃墟の画像に小さな子どもと女性の霊が写り込んでいると騒がれていたが、いくら目を凝らしても、アオイさんには認識できない。当然だ。幽霊なんて、いるわけがない。そう心の中で呟いた瞬間、手にしていたスマホがバイブで震えた。メールもＬＩＮＥも届いていない。アプリの通知でもアラームでもない。何よりバイブレーションが作動する設定にはひとつもしていなかった。気味が悪くなり、慌ててスマホの画面を閉じた。

そんなことがあった数日後、スマホの通話アプリで友人と会話していた際、アオイさんは件《くだん》の心霊写真の話を友人に伝えた。興味を持った友人は、スマホは通話に使っていたのでパソコンでTwitterを検索し、お目当ての画像を見つけたと告げてきた。途端、「きゃあ」という叫び声と共に通話が途切れ、しばらくすると友人からメッセージが届いた。送信元はスマホからではなくパソコンからである。

『私のスマホもいきなり震えだして、思わず投げたらぶっ壊れた。あんたのせいだからね』と——。

九〇四号室

ホテルフロント業の太さんは、利用客からのクレーム対応に頭を悩ませていた。

「九〇四号室に宿泊された方から、黒い影が部屋の中をうろついていたと苦情があって」

フロントに電話することも出来ず、金縛りで動けぬまま客は朝を迎えたのだという。

また、その部屋に宿泊した客は、口を揃えて「窓から墓場が見えて不気味だった」とも言うが、ホテルの周辺に墓地はない。ホテル正面は幹線道路に面し、周囲は駐車場や店舗、住宅しかない。それでも、同様のクレームは九〇四号室が埋まるたびに続いた。

「満室でも九〇四号室は敢えて空けておいてはどうか、と提言したこともありましたが、上司にはスルーされてしまいました。せめてものお詫びにと、サービス券を渡していましたが、お客様からのクレームが辛くて、結局私は退職を選びました」

退職から数年後、太さんがふと思い立ってそのホテルのレビューサイトを見たところ、宿泊者から低評価が寄せられていた。

「ここの九階で黒い影が出て金縛りにあう。窓から墓地の見える部屋は要注意」

いまだにサイトには、類似した内容のクチコミが書き込まれ続けている。

わたしの生命線

トモコさんが一人暮らしのマンションに帰ってきてドアを開けると、玄関に紫のイブニングドレスを着た見知らぬ美女が立っていた。

反射的に、妖艶な微笑みを浮かべた丸みのある顔を、平手でひっぱたいた。

美女が消えるのと同時に、トモコさんの手のひらに鋭い痛みが生じる。

手のひらの真ん中を下から上へ両断するがごとく、釘でひっかいたような傷がついて、うっすらと血が滲《にじ》んでいた。

シャットダウン

連日の激務が続いていた。

今日もオフィスにひとり残り、パソコンに向かっていた柴田さん。終電の時間が迫ってきたので、仕方なく帰宅することにした。

パソコンの電源を落とす。暗くなった画面に、疲れた自分の顔が映る。ひどい顔だ。睡眠時間もろくに取れていないのだから当然と言えば当然だが、随分と老け込んだものだ。

感傷に浸《ひた》っている時間はない。急いで駅に向かわねばとエレベーターに乗り込むと、ざわりとした違和感が胸にせり上がった。

ここ数日、眼精疲労が激しく、コンタクトからメガネに替えていた。なのに、パソコンの画面に浮かんだ顔は裸眼であった。というより、冷静に考えればあれは、自分とは似ても似つかない禿頭《とくとう》の老人だったではないか。

異常な現象を瞬時に認識できないほど、自分の疲労は溜まっていたのかと愕然とし、転職も考えた柴田さんだったが、しばらくはパソコンをシャットダウンした際、決して画面を見ないことで乗り切ったという。

邪魔者はどこだ

カナエさんが映画館でホラー映画を観ていると、足もとを猫が走り抜ける感触がして、反射的に下を見た。真っ暗で何も見えなかったので、怪訝《けげん》に思いながら視線をスクリーンに戻した。

スクリーンには、さっきまで悲鳴をあげていた若い女の、生首がごろりと転がっていた。

あいつのせいで、一番いいところを見逃したんですよ。せっかく首を切り落とす場面だったのに。

そう語ったカナエさんは、子供の頃からホラー映画が大好きで、動物全般が苦手であり、とくに猫は大嫌いだそうだ。

こぼさず

小学六年の頃、阿波さんの同級生の姉が自殺した。新聞で記事になっていたので、翌日には教室でも話題になっていた。同級生の姉は中学生で、遺書には部活の人間関係に悩んでいたことが書かれていたらしい。

飛び降りた場所は阿波さんの住むマンションのすぐ裏手、サイレンの音が近くで止まったので野次馬根性丸出しで見に行くと、すでに人だかりができている。どうやら飛び降りがあったようだと伝え聞いて、人だかりをかき分けて前列に行ってみたのだが、もう運ばれた後だった。現場は血の海かと思いきや、コンクリート面に手の平サイズの血痕と髪の毛の塊《かたまり》が落ちているだけで、大した出血がなかったのなら落ちた人は助かるだろうと思っていた。それが同級生の姉であり、しかも亡くなったと知って、阿波さんは自分の行動を恥じ入ったそうだ。

ある日、現場となったマンションのそばを通ると、血痕のあったあたりに頭が異様に大きな人が前屈みの姿勢で立っており、不自然に消えた。同級生の姉だと思った。

血は外にこぼれず、あの大きな頭の中に満たされているのだと考え、ぞっとした。

鍋の中

ヨリコさんがフリーマーケットに行くと、中年女性がキッチン用品をいろいろ売っていた。家の事情で不要になったのだという。電気圧力鍋が安かったので、買って帰ることにした。箱と説明書がついており、内釜もきれいで、全体に多少の使用感はあるものの、掘り出し物だと思った。けっこう重いものだが、車で来ているので苦にはならない。

家に帰って、箱から出してみる。あれ、こんなに重かったかな、と感じた。開けてみると、空っぽだったはずの内釜に、とろけそうになるほど煮込まれた肉の塊が入っていた。すっかり冷えて脂分とゼラチンが固まっている。

何の肉かもわからないし、気持ち悪いのですぐに捨てた。

ただね、すっごくおいしそうだったんですよ。砂糖と醤油ベースだと思うんですけど、煮汁の照りもよくて、中華風とも東南アジア風ともつかない、独特の香りがして。一口だけ食べてみたいような気もしたんだけど、でも怖いから捨てたんです。

あれからいろいろな香辛料の組み合わせを試してみたんですけど、どうしてもあの香りが出せないんですよ。

ヨリコさんの自宅には、数十種類のスパイスが揃うようになったそうだ。

凶年

安富くんの実家では、正月に墓参りをするのが代々の慣わしである。

もっとも、作法は盆におこなう一般的な墓参と大差ない。菩提寺までおもむき、墓前に仏花と線香を手向《たむ》け、目を瞑《つむ》って合掌する。

もちろん大抵はなにごともなく終わるのだが、ときおり束で立てた線香のうち、一本だけが燃え尽きている。

その年は、かならず家族に不幸が起こるらしい。


今年のはじめ、三年ぶりに家族全員が集まって墓所へ赴いた。

いつもどおり花と線香を墓前に供え、瞑目《めいもく》して手を合わせる。

さて、今年は燃え尽きていないとよいのだけれど——内心で祈りつつ、目をあける。

束になった線香すべてが、握りつぶされたように細かく折れていた。

そんな出来事があったもので、今年はなにかと不安です——という電信を、安富くんは原因不明の激痛で運びこまれた病室から、私あてに送ってくれたのである。

おかえり

祖父の葬儀からの帰り、先に玄関に入った両親が上がり框《がまち》で階段を見上げている。
「どうしたんだよ。早く入ろうよ」と、土間に入ると――
階段を上った二階の部屋から、祖父が顔を覗かせていた。
「おかえりぃ」
祖父はにたりと笑うと、顔を引っ込めた。
生前から悪戯《いたずら》好きな人だったが、さすがに度が過ぎると思った。

セピア色の夢

工藤さんは、夢で人の死を予知できる。

十二歳の頃、大好きだった近所のお兄ちゃんの死を予知したのが最初である。

それから二十五歳の今に至るまで、七人の死を予知している。

残念なことに、あまり役には立っていない。見る夢があまりにも曖昧《あいまい》だからだ。

最初の夢は、お兄ちゃんが自転車に乗っているだけの夢だった。

交通事故で死ぬ場面を見たわけではない。それ以外も似たようなものだ。

酒を飲んでいるだけとか、タバコを吸っているだけ、家族と仲良く話しているだけなどという夢もある。

いずれの夢も共通して、セピア色だという。

一応、そのような類の夢を見た時は、覚えている限りをメモしておく。

後から読み返すと、死に至る原因を示しているのは確かであった。

上手く読み取れないかと努力した時期もあったが、今はメモするだけにしている。

どうせいつか人は死ぬと諦めてしまった。

ついこの間のこと。工藤さんは、セピア色の夢を見た。
結婚を約束した彼氏の夢だ。
その夢の中で、彼氏は関西への出張を命じられていた。

うさぎ

観光牧場でうさぎと遊んでいたら、近づいてきたうさぎがおもむろに立ち上がって「たったの一週間か」とつぶやいた。

その声は両親にも兄にも聞こえなかったようだ。だが六歳のチサトさんがうさぎの声まで真似て再現してみせたそのちょうど一週間後に、田舎の祖父が脳溢血で急逝したことは、今でも両親や兄とのあいだでよく話題になるそうである。

永代供養

山口さんは毎年お盆になると、先祖の永代供養を頼んでいる菩提寺を訪れている。

昨年の夏も、例年に倣《なら》って墓参りに出掛けた。寺の参道から墓地の小路に入り、先祖代々の墓の前に立つと――墓石の名前が違っていた。

『山口家』と彫られている筈の墓石に、まったく別の家名が入っていたのである。

（そんな馬鹿な）と辺りを探したが、どうしても山口家の墓が見つからない。

慌てて住職を訪ねると、「ここ数年、改葬した墓はない」のだという。

もっとよく調べて欲しいと、頼もうとして――急に思い直した。

山口さんの父は、一昨年《おととし》の暮れに亡くなっている。

祖父の遺産相続で親族と揉め、長男であるにも拘わらず実家と縁切りした人だった。同じ墓に入ることとすら嫌ったので、遺骨は別の寺に建てた墓に納骨されている。

「幾ら探しても墓が見つからないのって……先祖が『お前たちとはもう、縁が切れている』ってことを示したかったんじゃないかと思って」

住職に断りを入れると、山口さんは墓参りを諦めて帰ることにした。

人生は悪夢

悟さんは彼女の妊娠を機に入籍した。独身時代から彼はバイトをかけもちしていたが、生まれてくる子供のためにも稼ぎたいと思い、さらに仕事を増やした。

ある日、悟さんは脳梗塞《のうこうそく》により右半身が動かせなくなった。そんな折、ふと目を覚ますと、派手な化粧をした妻が嫌悪感に満ちた表情で寝たきりの悟さんを見下ろしていた。妻の横で幼女がつまらなそうにしている。すると急に視界が切り替わり、悟さんは天井に背中を付けて宙に浮いていた。横たわる自分を見下ろすのも自分。寝たきりになった自分の顔は年老いて、右目の周りに大きな褐色のしみが浮き出ている。

そこで、悟さんは目を覚ました。病気で倒れたのは夢だった。いつもなら夢を見てもすぐに内容を忘れてしまうのだが、この悪夢は妙に記憶に焼き付いて残った。

悪夢を見た翌月のこと、慌ただしくも幸福な家庭に月が満ちて、悟さんは健康な女の子の父親となった。

娘が十歳になった年、妻が通勤途中の事故で亡くなった。幾ばくかの保険金は手元に残ったが、多忙な悟さんが仕事と子育てを両立させるのは容易ではなかった。

十代半ばの娘は若き日の妻と瓜二つに成長した。ハードワークのストレスから、悟さんは反抗期の娘に苛立って手を上げてしまうこともあった。余裕のない日々に追われて父娘の仲は修復不可能なほどにこじれていった。

深夜に悟さんが帰宅しても、家に娘が帰っていないことが増えた。不純異性交遊が心配で仕方ないが、娘に蛇蝎《だかつ》の如く嫌われているので叱ることも出来ない。

先日、久しぶりに見た娘は、妻に似た顔に濃い化粧を施していた。昔見た悪夢の中で、妻だと思っていた女は娘と、娘の産んだ子だったのかもしれないと悟さんは気づいた。

仕事柄、悟さんは長時間日光を浴びるため、顔に褐色のしみが浮き出てきた。中でも、右目の周りを囲う形のしみが日々、色濃く大きくなってきている。

かつて見た悪夢を現実がなぞるのだとすれば、悟さんが倒れるよりも前に、彼の娘はシングルマザーとなって女児をもうけるのだろう。

「右目のしみが夢の中で見た形になった時、私は病気で半身不随になるんだと思います。それが私の運命ならば仕方がない。実の娘に憎まれ、嫌われる人生ならいっそのことコロリと死んだ方がましなんですがね」

人生に希望が見出せなくても、全てを受容して悟さんは生きる。

リアルの果てに

高三の文化祭で、マヤさんのクラスは「お化け屋敷」を企画した。

「お化け屋敷」は人気の出し物で、下級生にも開催を希望しているクラスがあったため、後輩達に負けてはならないと、実行メンバーの生徒らはアイディアを出し合い、張り切って製作に臨んだ。

だが、「誰もが震え上がるような、リアルな演出を」の若い情熱は、少々間違った方向に向かってしまった。装置の一部に、学校裏の寺の墓場から卒塔婆を拝借し、それを使用するという暴挙に出たのだ。

「その結果、大変なことになったんですよ」

旧知のマヤさんに、雑談の流れから、恐るべき心霊現象に見舞われたという体験談を伺っていたのだが、いざ詳細を尋ねるとマヤさんは、「あれ？　あれ？」と首をひねるばかりで、その先の言葉が続かない。

「いや、ホントやばかったんですよ。絶対忘れるわけがないのに、どうして出てこないんだろう」

動揺するマヤさんは、結局その日最後まで、文化祭での変事を思い出すことはなかった。

何か思い出せたら改めて聞かせて欲しいと別れ、日を置いて再び連絡を取ると、

「クラスメイトにも聞いてみたんですけれど、なんかおかしいんですよ」

重い口調で、彼女は切り出した。

尋ねた級友は当初、「あんなに怖い思いをしたのに、なんで覚えていないのよ」と呆れていたが、「ほら、アレよ」と、その内容を話そうとするといきなり、

「……あわわ、あわわわわわ」

言葉にならない音を発して口をパクパクとしはじめ、マヤさん同様何も思い出すことが出来なかったという。

察するにこれは、「誰かに話してはいけない怪異」の類なのだろう。

「話してはいけない」が、「書いてはいけない」わけではないと信じて、本書に綴らせていただく。

まぼろしの生き物

サエさんは、世にあふれる金縛りの怪談には違和感がある、と話す。

私って、金縛り癖があるというか、寝ているときによくそういう状態になるんです。半分眠っていて半分起きているみたいな状態のとき、身体が動かなくなって、周りに気配を感じるんですよ。ああ来たな、と思ってわくわくするんです。

普通は、ここで不気味なやつが出てくる人が多いみたいですよね。

でも、私の場合は子犬とかなんです。

ベッドの上を、小さなものが歩き回る気配がするんですよ。あったかくてやわらかくて、ふわふわしたものたちです。それが、ときどき私の身体を踏んづけたり、顔をなめてきたりするんですよね。

ああ子犬だ、可愛い、もふもふしたい、と思うんですけど、でも身体が動かない。そのうち気が遠くなって、次に目がさめたらもう子犬はいないんです。

うーん、別に不快ではないですね。ただ、いつも悲しみだけが増大します。今日も子犬をもふれなかった、という悔しさというか。姿も見せてくれないし、もっと存在をアピールしてくれてもいいのに、と思います。

私はいつでもウエルカムなんですよ。なんだったら、このぬいぐるみに乗り移ってもらおうと思って、旅行にいくときなんかも常に持ち歩いているんですけどね。

そう言って、サエさんは小さなぬいぐるみを見せてくれた。

ふわふわした、緑色のテディベアだった。

ヨーグルト

深川さんは声優学校時代、人生初の大泥酔をやらかし、終電に乗ることができず、その日は先輩の家の世話になった。翌昼に目覚め、遅めの朝食を用意してもらったが二日酔いで頭が痛くて吐き気もあり、何も喉を通らない。先輩もかなり飲んだはずだがケロリとしていて目玉焼き丼などを食べていた。懐妊中だという奥さんはヨーグルトを食べていて、プルーンのようなものが入っているのだが、それが何度見ても動いているように見えた。

それから二年ほどして久しぶりに先輩に会ったので、子育て生活はどうですかとうかがったところ、ハテナという顔をされ、オイオイ、相手もいないのにどうやって子どもを育てられるんだよと自虐っぽく笑った。

いやいや。二日酔いではあったが意識ははっきりとしていた。奥さんの名前も憶えていたので伝えると、先輩は「えっ」と目を見開いて、それから青い顔をする。

深川さんが伝えた名は先輩の姉のもので、もうこの世にはいないという。

馬児

三十代の知人男性より、昨年の出来事としてこんな話を聞いた。

日曜の昼過ぎ、二歳半になる娘が「おうまさんの人形」と遊びをせがんできた。適当に相槌を打ってはみたが、馬の玩具など購入した憶えはない。

「おうまさんはウチにいないよ」と答えるなり、娘は「いるでしょ」と金切り声をあげてオモチャ箱にちいさな手を突っこみ、箱の底からミルク飲み人形を引きずりあげた。

人形の顔面が溶けただれ、馬のように長く伸びていた。

そのときは捨てようと思ったものの、人形は結局まだ自宅に置いてあるという。

「理由はちょっと言えないんです」と謝られたので、それ以上はなにもわからない。

倍返し

須田さんは幼い娘と二人で暮らしている。娘の名は亜理紗、今年で五歳になる。

娘のためにも早く再婚したいのだが、須田さんに近づいてくるのは、ろくでもない男ばかりだった。

今までに三人の男と付き合った。三人とも共通して労働意欲が無く、ギャンブル好きで酒乱。

一人目の男は、亜理紗ちゃんへの虐待を楽しむような屑だった。

ギャンブルに負けた時が最も酷い。

清潔にしてやると宣言し、風呂場で冷水を浴びせ続ける。行儀を教えるために何時間も正座させる。足を崩す度、タバコの火を押しつける。

そのような状況が三ヶ月ほど続き、亜理紗ちゃんは無反応になった。

その態度が憎たらしいと怒鳴《どな》り、亜理紗ちゃんの顔面を殴った瞬間、男は鼻と耳から血を垂れ流して昏倒した。

救急搬送された男は意識を取り戻したが、予断を許さない状態であった。

医師の説明によると、寝たきりになる可能性が高いとのことだ。
須田さんが真っ先に思ったのは、今後の生活をどうするかだという。
どう頑張っても、男の介護と娘の育児が両立できるわけがない。
須田さんは男を放置し病院を出ると、その日のうちに部屋を捨てた。
単なる同棲でしかないため、逃げ出すのは簡単だった。
それから二人の男と付き合ったのだが、いずれも同じ経緯を辿った。
亜理紗ちゃんを虐待し、三ヶ月目で血を流して倒れる。
亜理紗ちゃんが何かしているのかもしれないが、須田さんは訊けないままでいる。

妖鳥の導き

地方の鉄道で旅行をするのが趣味のカツユキさんは、その日も、ガラガラに空《す》いた昼間のローカル線に乗っていた。

通路を挟んだとなりのボックスシートには、野球帽にジャンパー姿のおじいさんがひとりで眠りこけている。そのさらに向こうの、窓の外へなんとなく目をやると、何か動いている。

眠りこけているおじいさんとそっくり同じ顔がついた大きなふくろうが、電車と並走するように飛んでいた。

まもなく電車は駅について停車した。ドアが開くと、人間の顔のふくろうが音もなく飛びながら入ってきて、おじいさんの頭に野球帽の上からとまると、そのまま吸い込まれた。

おじいさんは目をさまし、慌てた様子で電車から降りていった。

カツユキさんは、何かの見間違いか、自分の妄想だと思うことにした。

七駅離れた目的地の駅で降り、ホテルにチェックインする時間までの暇つぶしに、駅前のパチンコ屋へ入ると、さっきのおじいさんが、さっきと同じ野球帽にジャンパー姿で、ドル箱を山積みにしていた。

カツユキさんは不気味に思ったが、逃げるのも腹立たしい気がして、隣の台に座って打ち始めた。

五分もしないうちに確変大当たりを引き、大連チャンして一時間ちょっとで七万円も勝った。その旅行の予算はすべてまかなえた。

この話を聞いた私は、それから何度か最寄りのパチンコ屋や馬券売り場へ足を運んでみたが、眠りこけているおじいさんにも、ふくろうにも、一度も巡り会えていない。

道連れ

事故が頻発する交差点。

信号設置を求める声があるが、なかなか実現しない。

近所に住む美嘉さんは祖父から「昔あの四辻のそばに桜の木があって、なぜか首吊りが多かった」という話を聞いていた。

「それを嫌がった地主が切り倒してしまった。以来、車の事故がどっと増えた。たぶん桜の精みたいなものがまだあそこにとどまってて、悪さを続けてるんだろうよ」

やがて念願の信号機が設置され、事故はぴたりとなくなったけれど、設置直後に近所の老人が立て続けに何人か急逝した。美嘉さんの祖父もその一人だった。

以後は平穏な日々が続いているようだから、美嘉さんの祖父たちを連れて「桜の精」もその場を立ち去ったのかもしれない。

黒いネクタイ

隆志さんが交通事故で婚約者を亡くしたのは、四年前のこと。

彼は深く悲しみ、連日泣き明かしていたという。

ある夜のこと、隆志さんは寂しさ紛《まぎ》れに酒を飲んだが、思慕の情は募るばかり。

すると〈コンコン〉と、玄関のドアをノックする音が聞こえた。

（彼女が会いに来てくれた）と思い、彼は急いで玄関のドアを開けたのだという。

が、彼女の姿はなく、外ノブに黒いネクタイが結ばれているのを見つけた。

——その瞬間、隆志さんは意識を失った。

危ういところで隆志さんを救ったのは、同じアパートの住人だった。

ネクタイで首を吊った隆志さんを外廊下で見つけ、通報してくれたのである。

ただ、幾ら思い出そうとしても、隆志さんには自殺をしようとした記憶がない。

首を括《くく》った黒いネクタイも、彼の持ち物ではなかった。

外ノブにネクタイが結ばれていたのは間違いないが、一体誰が、何の目的でそんなことをしたのか、未だにわかっていない。

残念

ある晩、河村さんは遅くまで飲んでしまい、直前で最終電車を逃した。
仕方なく駅舎から出ると、小雨が降り始めている。
（どうすっかなぁ？）
ふらつく足で歩道に出ると、車道との境に置かれた赤いパイロンに目が留まった。
置かれたパイロンのひとつが、ピカピカと点滅していたのである。
ＬＥＤでも仕込んであるのか、ネオンのように輝く頭頂部が色鮮やかに見えた。
（面白いな。中はどうなってんだ？）
酔っているせいか、どうにもその点滅が気になって仕方がない。
河村さんは腕を伸ばし、パイロンの先端を掴もうとした。
――が、空振りをした。
滑るようにパイロンが動いて、河村さんの指先から逃れたのである。
「おっ、なんだおまえっ？　俺に逆らうのかっ⁉」
呂律《ろれつ》の回らない口で罵倒しつつ、更に腕を伸ばしてパイロンを掴もうとする。

が、その度にパイロンが滑り出して、どうしても捕まえることができない。
「何を、小癪《こしゃく》なっ!」ともう一歩、車道に踏み出そうとして——
心の中の〈何か〉が、その足を引き止めた。
次の瞬間——河村さんの寸前を、爆音を立てたトラックが通り過ぎて行った。
もう数センチ踏み出せば、間違いなく体を引っ掛けられていた距離だった。
——ちぃぃぃぃいっ! ざ~~んねん!!
耳元の近くで大きな舌打ちと、悔しがる男の声が聞こえた。
驚いて振り返ったが、周囲には誰もいない。
道路の十数メートル先に、トラックに弾かれたパイロンが無様に転がっていた。
手に取って確かめたが、特別な仕掛けが施されている様子はなかった。
すっかり酔いの醒めた河村さんは、近くでタクシーを拾って帰宅したのだという。

スーパー婆

仕事帰りに冴さんはスーパーで見切り品の野菜を見ていた。

寒いし、今夜はロールキャベツにしようかな。

献立を考えながら、値引きシールの貼られたキャベツを一つ手に取った、その時。

ショルダーバッグが急にぐっと重くなり、肩からずり落ちる。

咄嗟《とっさ》にバッグの持ち手をつかんで引き上げたところ、ショルダーの持ち手をにぎる指に、ぱさついた白い髪が絡んだ。

鼻先が触れそうな距離に、見知らぬ老婆の顔がある。

老婆の生首が、ショルダーバッグにちょこんと乗っていた。

首だけの老婆は「すみません」と、かさかさにひび割れた唇からつぶやくなり消え失せて、ショルダーバッグは元通りに軽くなった。

老婆の生首が、そのとき選んでいたキャベツくらいの重さと大きさだったことが不気味に思えて、冴さんは何も買わずに家に帰った。

その日の夕飯はやむを得ずインスタントのラーメンで済ませたという。

おいなりさん

生まれてこの方病気とは無縁だったカホさんの三歳になるお嬢さんが、突然高熱に見舞われた。折悪しくお盆の時季で、小児科は開いていない。泊まりがけで義実家を訪れた直後であったから疲れが出たのかもと、ひとまず売薬で様子を見ることにした。娘さんが眠る、マンション五階の部屋の窓を、コンコンと叩く音がした。見れば一匹のカラスが、太い嘴《くちばし》でガラス窓を突いている。「ひぃ」と思わず声を上げると、カラスは羽を広げベランダから飛んでいったが、そこには何故か、半分のサイズの油揚げが置かれていた。

カラスの飛来は翌日も続いた。ベランダで育てていた野菜のプランターの土の部分に、カラスが何かを埋め込んでいる。カラスが飛び立った後にプランターを調べてみると、今度は三角にカットされた油揚げが二枚発掘された。

三日目。カラスは来なかったが、ようやくお嬢さんの熱が下がり、病後の衰えも一切見せず驚くほど元気に回復した。

義実家訪問の際、近くの稲荷神社の夏祭りに出掛けたことが関係していたのではと、カホさんは力説する。

靴の中

オフィス街でブーツを履いて歩いていると、足裏に突然ぬるっとした違和感が生じて、気持ち悪さのあまり一歩も歩けなくなった。

ビルの壁によりかかり、恐る恐るブーツを脱いでみたら、中でかたつむりが踏み潰されていた。

流星

夜道で立ち止まってスマホを見ていたら、誰かに追い抜かれた。

見れば、パーカーのフードをかぶった小学生くらいの子が小走りに角を曲がっていくところ。

すぐに美夜さんも歩き出して、同じ角を曲がった。

すると闇の中にさっきの子が立ってこちらをじっと見ている。

いや、服や足の向きから考えればたしかにこちらを見ているのだが、その子には顔がなかった。

フードの中ががらっぽで、街灯の光にぼんやり内側の生地が照らされている。

だが見えない頭がかぶっているみたいに、フードは形を保っていたという。

ふっと手を上げて、その子がどこかを指さした。

思わず目で追うとすっと明るい星が空を流れて一瞬で消えた。

顔を下ろすと、夜道には誰もいなかったそうだ。

黄色い実

尾田さんの遠い記憶の中にある、遠い親戚の家に泊まった時の思い出である。

その家の庭木には、枇杷《びわ》か柑橘《かんきつ》類のような黄色い果実が実っていた。小さい頃、あの黄色い実が食べたいとしきりに親に頼んだが、食べさせてもらった記憶がない。まだ熟していないから酸っぱいよとか、虫が食っているから食べられないよとか、そんな理由であしらわれていたことを覚えているそうだ。

黄色が何色になったら食べられるのかなと健気にその時を待ち望んでいた、ある晩。寝ているところを従姉妹《いとこ》のお姉さんに起こされ、「庭の実が食べられるよ」と窓から庭木を見せられた。黄色かった実が明るい水色になっていた。明かりなどない庭に、クリスマスツリーのオーナメントのように鮮やかに映える実をはっきりと覚えているという。

従姉妹は実を取りに外へ出ようと誘ってくるが、その色は尾田さんの食べたい色ではなかった。庭へ行こうと手を引く従姉妹の手を振り払って、ひどく怒りながら、しつこい誘いを拒否したことも記憶している。

大人になってから、このことを親に初めて話したが夢だろうといわれた。庭木の実は、ずっと黄色いままだったじゃないかと。確かに、あんなに鮮やかな水色の実なんて、見たことがない。今になって思えば、あの晩のことはすべて夢かもしれない。

それに、従姉妹はとっくの昔に死んでいる人なのだ。死んだのは尾田さんが生まれて間もない頃で、あの当時は従姉妹がいたことさえ知らなかったはずなのである。

だが、従姉妹はずっと、ウフフ、ウフフと気味の悪い顔で笑っていて、その気味悪い声と表情の記憶が、とても夢だとは思い難いのだという。

よばれているのは

祖父が死んだとき、形見に鳩時計をもらったんです。

アンティークっぽくて可愛いので部屋に飾ってるんですが、古い所為《せい》か調子が悪くて。普通、鳩時計って八時とか十二時とか定刻に鳩が顔をだしますよね。でも、ウチの鳩時計は五時二十三分とか、十一時四分とか、まるで関係ないタイミングに飛びだすんですよ。

おまけに鳴き声の数もまちまちで、三回だったり十回だったり、二十回以上鳴くときもあれば、やけに間延びした声で一度だけ鳴くこともあるんです。

「変だなあ」って観察するうち、ふと気づいちゃって。

鳩が鳴き終わった直後、救急車がサイレンを響かせながら外を通過するんですよね。

まあ、近所に総合病院があるので、救急車の音がしても不思議はないんですけれど……あまりに何度も続くもんで「絶対に関係あるよな」としか思えなくなっちゃって。

ええと、つまり。

鳩が何度も鳴くときは、救急車で運ばれた人が……はい、そういうことです。

ですよね、やっぱり誰でも気になりますよね。

だから私、わざわざ総合病院へ行って何度も受付で訊いたんです。なのに、なにひとつ教えてくれないんです。あそこの受付ってほんとに態度悪くて。

このあいだなんか「もう来ないでください」とか言うんですよ。せっかく教えてあげたのに。なんだよ、なんだよ。

あ、はい。そんなわけで、今日は真相を探る方法が知りたくて連絡したんです。

ねえ、どう思いますか。どうすれば、搬送された人が生きているのか死んでいるのか、わかるんでしょうね。どうしても知りたいんですよ、私。

菜食主義

丸岡さんは今、後悔の真っ只中にいる。

先月、友人と実施した馬鹿げた遊びが事の発端だ。

バーベキューをやっただけだが、場所が問題である。

心霊スポットと噂されている廃屋の庭だ。その家で暮らしていた男は、そこで犬猫を解体して食べていたらしい。

最終的に男は、自分自身の肉体を切り刻んで自殺したという。

そんな場所でバーベキューなど悪趣味としか言いようがないのだが、当時の丸岡さんの行動原理は、仲間からの賞賛だった。

卓上コンロに鉄板を乗せ、高級な肉を焼き始める。食欲をそそる香りが辺りに漂う。

食べごろな一枚を口にした途端、丸岡さんは嘔吐しそうになった。

口の中に錆《さ》びた鉄のような血の臭いが充満したのだ。行儀が悪いのは承知で紙皿に吐き出す。どこもおかしいところは無い。よく焼けている。

焼け過ぎているぐらいだ。強烈な臭いがするような血など一切見られない。

首をかしげながら、二枚目を皿に乗せた。じっくり焼き加減を確認し、口に入れた。

またしても血の臭いが溢《あふ》れ出す。我慢できずに再度吐き出した。

どうやら友人にも同じ現象が起きているらしく、肉を睨む表情に嫌悪が浮かんでいる。

結局、丸岡さん達は何も口にできないまま、バーベキューを終えた。

翌日、丸岡さんはバーベキューの残りを自宅で焼いてみた。しっかりと火を通し、焼肉のタレに漬け、口に放り込む。

途端に血の臭いで口の中が満ちた。心なしか、味もおかしい。冷蔵庫にあったハムやソーセージも同じだった。

どんな肉でも、食べると血の臭いがする。無理矢理飲み込もうとしたが、どうしても喉を通らなかった。

今も丸岡さんと友人は、肉を食べられないままだ。

母の涙

トモヒロさんが、自室のゴミ箱から中身を出して捨てようとすると、底から見覚えのないモノクロの家族写真がばらばらと十枚ばかり出てきた。

五歳ぐらいの自分と、父と母が、遊園地らしいところで写っている。観覧車の前、メリーゴーランドの前、お化け屋敷の前などで三人並んで撮られていた。

トモヒロさんは、そんなところへ行った記憶も、こんな遊園地を見た記憶も、まったくない。撮影地はどこなのか見当もつかなかった。

どの写真を見ても、父と自分は笑顔なのに、母は顔を歪《ゆが》めて泣いていた。母のそんな顔を、トモヒロさんは見たことがない。父が亡くなったときも、母はずっと気丈に振舞っていたのだ。

その日は父の十四回目の命日で、母はまだ元気に過ごしており、先ほど電話をしたばかりだった。母に写真の話をしようかと思ったが、なんとなく面倒なことになりそうな気がしてやめておいた。

おかっぱ

ある日の明け方、明美さんは悪夢にうなされて目を覚ました。

赤い着物を着た小さな女の子に、追い回される夢だった。

すると、隣で寝ていた彼氏が「おかっぱの子だろ？」と断定的に聞いてきた。

――なんで、そんなことを知っているの？

咄嗟に問い返したが、彼氏からの答えはなかった。


その彼氏とは、半年ほどで別れた。

彼氏の浮気が原因だったというが、それだけではなかったらしい。

「あの人と寝ると、必ずおかっぱの子の夢を見るようになったの。私、それが怖くて」

何度か彼氏にそのことを訊ねてみたが、最後まで答えは得られなかった。

「でも、絶対に何かを知っていると思うのよね、アイツ」

眉根を寄せ、明美さんが呟くように言った。

押し入れ

都内で輸出関連の商社に勤める、藤田さんから聞いた話である。

ある晩、仕事で疲れた彼は、妻に断って早めに床に就くことにした。

早速寝巻に着替えると、寝床の用意のために押し入れの襖《ふすま》を開けた。

その瞬間——誰かに肩を掴まれて、いきなり布団の中に引きずり込まれた。

が、引っ張られたのは一瞬で、気がつくと肩を掴まれた感覚は失せている。

這々《ほうほう》の体で寝室から逃げ出すと、様子を見にきた妻に「どうしたのっ？」と心配された。

翌日、不動産屋を訪ねて「あの部屋、おかしくないか？」と、担当に詰め寄った。

最初、担当は言い逃れをしていたが、やがて「個人情報だから、ホントは言えないんですけど」と渋りつつ、ひとつだけ教えてくれた。

前の入居者が、押し入れを仏壇代わりにして故人の位牌を祀《まつ》っていたのだという。

——取り敢えず藤田さんは、押し入れを塩と酒で清めることにした。

リンスイン

風呂場に置いていたリンスが傷んだらしく、プッシュして鼻を近づけると古い血に似たすえた臭いがした。

中身が駄目になっているなら、流して捨てるしかない。リンスの容器を洗って、新しく中身を詰め替えよう。

リンス容器のポンプを外して中を覗くと、異物が見えた。容器に詰まっているそれは丸い物で、人の目玉に似ている。

よく見ようと顔を近づけた瞬間、くるりと動いた眼球と目が合った。

悲鳴を上げて手を離すと、リンスの容器はユニットバスの床にぐたりと転がった。

容器からとろとろとリンスが床に流れ出す。

いつ中から目玉が飛び出すかと身構えていたが、一向に出てこない。

リンスの流れが止まったので拾い上げ、意を決して覗き込むと容器は空《から》になっていた。

それからというもの、眼球の行方が気になって仕様がない。なんだか近頃ボディソープが臭くなったような気がする。

どこから来たの？

大学近くの新築アパートに転居してから、堺君は家の中で〈手〉を見るようになった。

「最初に出たのはバスルーム。曇りガラス越しに白い手袋がぼんやり見えて、そんなとこにゴム手袋干してたっけ？　と思って開けてみたら、いた」

バスルームの空中、彼の目の高さに指先を下にした手が浮いていた。

「手首から先の右手。色白で、手の断面は霞《かすみ》がかかってぼんやりしてた」

見間違いかと彼が目を瞬《また》いているうちに、手は消え失せていた。

引っ越したばかりで心身が疲れているのかと思った堺君だったが、その後も不定期に手は現れた。寝る時に電気を消そうと見上げた電灯の隅からぶら下がる右手。コンビニ弁当をつつくちゃぶ台によじ登ろうとする右手。ベランダの洗濯物を取り入れようとすると、タオルの裏側にしがみつく右手。

いつも右手は現れて十秒と保たずに消えた。

毎日出るものでもなし、彼は手の存在を放置していた。

「無害だと思ったんです……その日までは」

ある日のこと、堺君は愛車に乗って実家へ向かっていた。夕日の沈む頃合い、山道でカーブに差しかかった時、突然視界に白い物が現れた。

左上から斜めに、人の手が這ってくる。大きな白い蜘蛛のような右手は、五本の指を器用に使ってひたひたとフロントを横断し、彼の眼前でガラスにぺたりと張りついた。

手に視界を奪われた彼の車は、なすすべもなくガードレールに衝突した。スピードを出していなかったのが幸いして軽い打撲とむち打ちで済んだが、愛車は廃車となった。

「家の外で手を見るのはそれが初めてだったけど、手は俺を殺そうとしていると、その時はっきりわかったんです」

ネットで調べたところ、そのアパートは新築ではあったが、建設中に敷地内で男性作業員の死亡事故が起きていた。

「でも、俺の見た手は色白で指が細くて、女の手みたいな印象があったんですが……そこで死んだ人でないなら、誰の手なんでしょう？　何故、住人の中で俺がターゲットに選ばれたんですかね？」

そのアパートを退去し、現在の堺君は違う物件で暮らしている。〈憑《つ》いてこられる〉のを心配していた彼だが、今のところ新居に手は現れていない。

上京

大学進学をきっかけに一人暮らしをはじめるため、ご長男が実家を巣立ったノリエさん。さぞ寂しかろうと励ましのメッセージを送ると、『寂しいというより怖いんだけど』の返信があった。「怖い」とはいったいどういった感情なのかと気に掛かり、ランチを兼ねて会う約束を取り付けた。

「息子が家を出て行くとき、最後になんて言ったと思う？」

当たり障りのない会話からはじまり、食後のコーヒーが供された頃、ノリエさんが「怖い」の理由を切り出した。普通に考えれば「行ってきます」か「今までお世話になりました」の類であろう。だがノリエさんの息子さんは、

「もう気づいていると思うけれど、この家『出る』から。気をつけてね」

いきなりそう言い残して、上京してしまったという。

「出る」とは、恐らく心霊的なニュアンスであったが、明言されてしまうのが怖くて、ノリエさんはその場では息子さんに尋ねることが出来なかった。そのせいで、自宅で起

きる些細な出来事が、すべて心霊現象に思えるようになってしまった。ちょっとした家鳴り、部屋を横切る影、ふと漂う線香の香り。気のせいだと流せていたことが、じわじわと恐怖に変わっていく。あれこれ悩むくらいなら、息子さんにちゃんと聞いてみる方が良策ではないか。「出る」といっても、もしかすると害虫やネズミの類かもしれないし。全てが取り越し苦労で、いつか笑い話になるかもよ。と、文字にすれば無責任にも感じられるアドバイスを押し付け、その日は解散した。

後日、息子さんと連絡を取ったとノリエさんから報告があった。その内容は――、

「息子が言うにはね、ウチはもう大丈夫だろうって。どうやら、ウチにいた『何か』は、息子についていっちゃったみたいだって」

就寝時に体の上に乗ってきたり、勝手にドアを開閉したり、水場を悪戯したりを繰り返す『何か』を、当の息子さんは、

「物心ついてから、十年以上同じ状況だったから、今さらへっちゃら」

と言って、下宿先でもさほど気にしていない様子であるという。

「母としては、心配で心配で当分子離れできないわ」と、ノリエさんの悩みは尽きない。

対策

十五年ほど前、テツオさんがバイクのツーリング旅行で、地方のホテルに泊まったときのことである。その日は疲れたので、早めにベッドに入って身体《からだ》を休めていた。しかし、なかなか眠りにつくことができず、何度も寝返りを打っていると、ユニットバスから何か耳障りな音がするような気がしてきた。はっきりとは聞こえない。

耳で聞いているのではなかった、とテツオさんは語る。

絶対に、この世のものが立てる音ではない、と確信しました。物理的な音じゃないんですよ。なんて言えばいいのかな、人間って、外部から入ってくる情報を目とか耳とかで受信して、脳で再構成するわけですよ。でもあのときは、そういうワンクッションをすっ飛ばして、脳に直接ノイズを流し込まれる感じだったんです。わかりますかね？

眉間《みけん》に深い皺《しわ》を刻み、テツオさんはその音の不快さを強調した。

最初は、ドアがきしむ音みたいな感じがしたんですけどね。よく耳を澄ませて……いや、脳を澄ませてと言ったほうがいいかな。集中してみると、どうも金切りバサミで薄い鉄板を切る音なんですよ。きいっ、きいっ、て、すごく耳が気持ち悪くなるやつです。それが、ドアを閉めたユニットバスの中から滲み出てきてるんですよ。これはやばい、どうにかしなくちゃと思いましたね。このまま寝たら、最悪死ぬんじゃねえかって。

頭ん中で「おらあッ」って大声を出しながら飛び起きて、全力の気合を込めてユニットバスの電気をつけて、ドアを開けたんです。もちろん誰もいませんでしたよ。でも音がやまないもんで、頭ん中で「この野郎、この野郎」と言いながら、シャワーで思いっきり熱いお湯を出して、浴槽や壁を流してみたんです。バスルームに湯気がもうもうと立ち込めて、目の前が見えないぐらいになったら、ようやく音が消えたんですよ。あれは嬉しかった。ざまあみやがれ、と思いましたね。

テツオさんは自慢げに胸を反らしてそう語った。

熱いお湯を流したことに根拠はないが、「俺はこれでお前をやっつけてやる」という意思の強さが、寄ってくるものをはねつけるのだとテツオさんは信じている。

巨大火の玉

雨村さんは仕事で神奈川県Y町に連泊した際、ホテル近くに炭酸カルシウム人工温泉があったので利用した。時間帯が早いからか利用客は自分のみで、貸し切りだと喜んでつい長湯をしてしまった。

すっかりのぼせてしまい、脱衣場の椅子で目を閉じて体を冷ましていると、コオォォと、ジェット音のような大きな音がする。びっくりして目をあけると浴場のガラス戸越しに巨大な火の玉が見える。火事かと慌ててロッカーから浴衣《ゆかた》を掴んで暖簾《のれん》の下がる出入り口まで避難し、おそるおそる様子をうかがいにいくと火の玉は、もうない。

ガラス戸を開けて浴場内を確認するが、濛々《もうもう》と立ち込める湯気のなかに火の気はまったく見あたらない。ガラスに脱衣場の照明が当たったのを火と見間違えたのだろうと部屋に戻ると、なんだかふらふらする。湯冷めしたのだろう、高熱が出て床に臥してしまった。

その晩、はっきりとした意識下で、大きな火の玉が何度も部屋を出入りする光景を見た。火の玉が間近まで迫ってきた時、火の中にフレームのある家族写真のようなものが見えた。知らない家族だ。やがてそれは部屋を出ていったまま、戻ってこなくなった。

おとなう

斎場の夜間警備といっても、そんなに難しいことはないんですよ。県外在住のご遺族が夜中に駆けつける以外は、訪ねてくる人もほとんどいませんから。

ときおり、私服の方が呆然と玄関に立ち尽くしていることはありますけど。

その際は軽く会釈して、こちらで自動ドアを開けてさしあげます。たいていはホールに飾られた遺影とおなじ顔なので、すぐわかりますよ。表情は人それぞれですが、たいてい驚いた表情をしてますね。我が身に起きたことを受け止めきれないんじゃないですか。

あ、ただ――。

全身が赤い人だけは、絶対に入れません。

ええ、どんなに遠目でもすぐ判りますよ。肌も目も真っ赤ですし、たいてい愉快そうに大声で笑っていますから。あれさえ気をつけておけば、難しいことはないですね。

握手

春先になると、曽根さんはタケノコを掘りにいく。

祖父から受け継いだ竹林であり、好きなだけ採れる。荒れ放題だった竹林を整えるのに七年かかったが、それだけの価値はある。

シーズン中は毎日通う。多い時には五十本近く採れる。販売するわけではなく、放置しておくと竹林が荒れてしまうからだ。

食べきれない分は、知り合いに配ってしまう。

とある春の早朝。曽根さんは友人の坂井を連れて竹林に向かった。坂井は毎年のように手伝いに来てくれる。

朝掘りのタケノコを刺身にして食べるのが、何よりの楽しみらしい。

黙々と手を動かす曽根さんと違い、坂井は好きな歌を口ずさみながらの作業だ。

その歌が急に止まった。どうしたのかなと振り向くと、坂井はしゃがみ込んだまま沈黙を続けている。

声をかけたが微動だにしない。近づいた曽根さんは、有り得ないものを見た。

坂井は握手していた。握手の相手は、地面から生えている。肘から先の白い腕だ。細く美しい指は爪が赤く塗られている。

曽根さんの悲鳴で、坂井は我に返った。いつの間にか腕はタケノコに変わっていた。

自分の見間違いだろうと思った瞬間、坂井がしみじみと言った。

「ああ、柔らかくて綺麗な手だったなぁ」

それ以降、坂井は暇を見つけては竹林にやって来る。

握手していた辺りに座り、何事かぼそぼそと呟いて過ごしている。

お坊さん

ワンルームマンションに越してきてから、奈央さんはよく金縛りにあう。

アロマを焚いてみたり、枕を替えてみたりしたが効果がなく、ある晩とうとう蜘蛛の巣みたいにボロボロの袈裟《けさ》を身につけたお坊さんにベッド脇に立たれた。

鐘の音とお経の混じったようなものがぐぉんぐぉんと耳の中で響いている。

喉からようやく悲鳴を絞り出すとお坊さんは消えたが、部屋はエアコンもつけてないのに初夏とは思えないほど冷え切っていたという。

数日後マンションのエレベーター内に「ありがたいお坊さんです。この人を見かけた方はご一報ください」と書かれた紙が貼り出されていた。

添えられていたイラストは、あきらかにあの晩のお坊さんの似顔絵だった。連絡先はどこにも書かれておらず、管理会社に問い合わせるとそんな紙はうちでは貼っていませんと言われたそうだ。

御座敷

小山君がまだ幼かった頃の話である。
夜、尿意で目が覚めた彼は、一階に下りて薄暗い廊下を歩いた。
彼の実家は部屋数が多く、廊下の左右には和室が並んでいる。
ふと見ると、そのうちのひとつ、接客用の座敷部屋の襖が開いていた。
が、襖が開けっ放しになっていることは滅多にない。
（変だな？）と部屋の中を覗き込むと——知らない男の子がいた。
その子は、畳敷きの床を〈パタパタ〉と走り回っていたのである。
驚いた小山君は急いで両親の部屋に行き、母親を揺すり起こした。
「ああ、それだったら、母さんも小さいときに見たから大丈夫。もう寝なさい」
怖がる小山君を宥《なだ》めて、母親はそんなことを言った。
翌朝、改めて聞くと、この家の子供は代々同じ体験をするのだと教えられた。
彼の家は、岩手県の農村部にある由緒正しい古民家である。

ホットフラッシュ

以前、鈴さんは自分の体が急に熱くなるホットフラッシュに怯えていた。

ホットフラッシュ初体験は小学生の時。秋に行われた修学旅行で、彼女はホテルで汗だくになって起きた。鈴さんがホットフラッシュを起こしたのとほぼ同時刻に、家が全焼して両親共に焼死してしまい、一家で助かったのは修学旅行中の鈴さんだけだった。

親戚の家に引き取られてからも、近しい人が火事で死ぬ時、鈴さんは自分の身が灼熱感に包まれるのを感じた。血縁とは関係なく、友人でも近所の人でも、彼女が親しみを抱いている人が焼死する時にホットフラッシュは起きた。

「これまで人生で十何回かはそんなことがあったんだけど、今はもう気にしてない」

何故なら、四十路半ばの彼女は更年期障害の真っ只中。一日に何度も体が火照《ほて》るホットフラッシュに襲われるので、もはやそれが誰かの焼死の知らせなのか、更年期のせいなのか区別がつかないし、多すぎて慣れてしまったからだという。

それにしても、彼女のせいではないのだが、家族や知人、友人が十数回焼死しているというのは、ちょっと頻度《ひんど》が高すぎやしないかと思う。

初・江の島

はじめて江の島観光に訪れた、とあるご家族の話。

小田急線片瀬江ノ島駅の改札を出た途端、三歳になる息子さんが一歩も動かなくなってしまった。電車の中では「おでかけおでかけ」とはしゃいでいたのに、まるでスイッチが切れてしまったかのように。お腹が空いた？　具合でも悪い？　と尋ねても答えない。

じっと一点を見つめる視線の先には、神奈川県屈指のパワースポット、当初の目的地・江島神社が。なだめすかしておんぶに抱っこで、なんとか江の島に渡る弁天橋のたもとまで辿り着いたが、そこからは頑として移動を拒み、道路に座り込んでしまった息子さん。

仕方がないので予定を変え、橋を渡らずに水族館へと向かったが、依然言葉はなく顔色も悪くなってきた息子さんを気遣い、家族は早々に江の島の地をあとにした。

「おでかけ、こわかったの」

後日息子さんが、その日の出来事をおえかきした。

空を覆うのは、蛇のような体の長い生き物五匹。

江の島には、天女と五つの頭を持つ五頭龍《ごずりゅう》の伝説が残されている。

こたつの中で

同棲している彼女と、向かい合ってこたつに入っていた。

本を読んでいる彼女に向けて、右足を伸ばしてみる。むっちりして触り心地のいい太ももを、靴下を脱いだ裸足の指でちょいちょいといたずらした。彼女は気づかないふりをしている。冬はこうしていちゃつくのが楽しい。

ふいに右側から足を蹴られた。うおっ、と声が出る。

こたつの右側には誰も座っていない。

彼女は本から顔を上げて、とろけきった顔をしていた。

冷気

空き地に捨てられている冷蔵庫。モーター音が聞こえる。まさかと思ってドアを開けると冷気が出てくる。コードはどこにもつながっていない。どういうからくりなんだ、とさんざん調べていたらやがて音がしなくなり、冷気も途絶えた。とたんにからっぽの庫内から激しい腐臭がしてきたのであわててドアを閉じる。

家に帰ると、冷蔵庫の中身の生鮮食品が全部どろどろに腐っていた。

箱の中身は

その日、森の中を散策していた小山さんは、どこからか子供の泣き声が聞こえてくるのに気づいた。

今にも途絶えそうな弱々しい泣き声だ。

小山さんは声が聞こえてくる方へ歩き出した。

遊歩道から外れた草むらにいるようだ。耳を澄ませながら進むと、小さな崖に行き着いた。崖の下は、不法投棄と思われるゴミの山で溢れている。

小山さんは足元に注意しながら下り、ゴミの山をかきわけた。徐々に泣き声は大きくなっていく。

探し始めて数分後、青い衣装ケースが現れた。泣き声はその中から聞こえてくる。衣装ケースは粘着テープで念入りに封印されている。第三者の悪意で閉じこめられたとしか思えない。

急いで粘着テープを剥《は》がし、蓋《ふた》を開けた。真っ先に目に入ったのは、茶色いシミが付いた子供服だ。

取り出してよく見ると、シミは血痕のように思えた。止まない泣き声の主を探し、小山さんは次々に服を取り出していった。

箱の中身は、最後の最後まで服だけであった。

空っぽになった箱からは、まだ泣き声が聞こえていたという。

泣き糞

その年のお盆、Ｅ氏は奥さんの帰省に付き合って馴染みのない田舎にいた。

「ずっと嫁の家にいるのも息がつまるから、散歩に出たんよ」

大きな街の郊外、畑や田んぼに囲まれたのどかな土地を散策していると、前方が何やら騒がしいことに気付いた。

「小さい子供達が、もっと小さい子供をイジメているっぽくてね」

えーんえーんと泣く声と、それを囃《はや》し立てるような声。

子供のすることに口を挟みたくはなかったものの、響き渡るような泣き声に胸騒ぎを感じ、怪我でもさせてやしないか心配になったと彼は言う。

「なんで、ちょっと声かけて様子見てやろうと思ったんだよな」

中高生ならこちらも身構えるが、騒いでいるのは背格好からして小学生、であれば自分に危害が及ぶこともあるまいという判断から、Ｅ氏は臆することなく彼らに近づいた。

「そしたらこっちが声出した瞬間に『ぎゃははは』つって逃げるんだよガキども、まぁ結果的にイジメられっ子を助けられたんならいいやって」

笑顔を作り、大丈夫かと泣き声に向かって声をかけた彼だったが、その瞬間硬直した。

目の前には古い地蔵があるだけで、子供などいなかったからだ。

「『え？』つって振り返って」

ついさっきまで下品な声をあげていた子供たちの姿を探すも見当たらない。

「それで更に『え？』ですよ、逃げ足速いにも程があんだろと」

もう一度、今度は地蔵に目をやったE氏はしかし、更に混乱した。

「ないのよ地蔵、どっこにも」

その代わり、彼の視線の先にはハエの集《たか》った獣のものらしき糞があった。

「そのクソがまだ泣いてて、俺、怖くなっちゃってさ」

蝉しぐれと糞の泣き声を背に、慌てて奥さんの実家に逃げ帰ったという。

「自分の頭の具合を疑われるような話だから誰にも話したことないんだよ。うん、ちょっとね、ただ事じゃねえと思って、そのあと脳ドック受けたもん」

検査結果は全く問題なしだったそうだ。

箱

伸弥さんは高校二年のある日、午後の授業をさぼってなんとなく家とは逆方向の電車に乗り込んだ。

しばらく揺られていると知らない駅で電車が停まり、十歳くらいの女の子が乗り込んでくる。女の子は伸弥さんの向かいに座り、にこにこと笑いかけてきた。あきらかに自分を見ていると思い、知っている子かなと記憶をさぐったが心当たりがない。

その子は膝の上に小さな木の箱をのせていた。時々ふたを少し開けて中を覗き込み、また伸弥さんのほうを見てにこにこと笑う。

まるで箱の中身と伸弥さんに何か関係があるみたいだ。

気になって話しかけようとしたところ駅に停まって、女の子は降りていった。思わず後を追いそうになるが、周囲の客の目が気になって思いとどまる。

夕方家に帰ると母親が「友達が届けに来てくれたよ」と言って小さな木の箱を手渡してきた。

電車の女の子が持っていた箱にそっくりだ。

驚いて事情を聞くと、三十分ほど前に同級生と名乗る五、六人の男女が家に来て「伸弥くんが教室に忘れていった物です」と箱を置いていったらしい。

訪ねてきた子たちに心当たりはなく、そもそも制服が伸弥さんの高校のものとは違っていたようだ。全員ブレザーの胸のところに「金色のカエルの絵のマーク」がついていたと母親は言う。

そんなおかしな制服の学校を伸弥さんは知らない。恐る恐る箱のふたを開けてみると、フローラル系の入浴剤みたいな香りがふわっとひろがった。

見れば底にしわしわになったガムテープのようなものが貼りついていて、それは潰れて干からびたカエルの死骸だったそうだ。

出口

市立図書館で理江さんは迷子になった。

毎週のように来ているフロアなのに、入り組んだ棚が延々と続き、なぜか出口が見当たらない。焦っていると遠くに職員らしき人の姿が見えてきた。

ほっとして駆け寄るとそれは人ではなく、床に片膝立てたかたちに置かれた布製の案山子《かかし》のような人形だったという。

固まっていると背後から声をかけられ、振り返ったら今度こそエプロンに名札を付けた職員の女性が立っていた。

「迷われましたか？　出口はこちらですよ」

そう言ってさっさと歩きはじめた彼女の後をあわてて追いながら「あの人形は何なんですか？」と訊いてみたが、人形の本をお探しなんですか？　などと頓珍漢な答えが返ってくる。

一度だけ背後をたしかめると、人形はまるで立ち上がりかけているようにさっきと姿勢が変わり、顔を半分こちらに向けていた。

見覚えのある場所に出たときには、なぜか案内してくれた女性の姿は消えていたそうだ。

鎧武者

二十数年前、葛飾区のとある病院で看護師をしていた、恵子さんの話である。

ある晩、彼女が看護病棟を見回っていると、廊下の奥から妙な物音が聞こえてきた。

『ガシャン、ガシャン』と音を立てて近づいてくる、それは――

太刀を佩《は》き、具足を纏《まと》った鎧武者だった。

そいつは暗い廊下をまっすぐに歩き、震える彼女の目の前を通り過ぎていった。

やがて廊下の奥に突き当たると、そのまま壁の中に消えた。

――姿を消す瞬間、鎧武者は〈じろり〉と恵子さんを睨んでいった。

数日後、その病院で重大な医療過誤が発覚し、大変な騒動となった。

連日ニュースで取り上げられ、嫌になった恵子さんは看護師を辞めたのだという。

親切なシャワーヘッド

築四十余年の賃貸マンションに住み始めた博さんは、シャワーに不満を持っていた。頭を洗っている最中、シャワーヘッドがくるりと九十度右に向いてしまうのだ。頭からそれたシャワーの湯は浴槽に入っていくので無駄にはならないが、毎日のこと、洗髪中にいちいちシャワーの向きを戻すのは面倒だった。

中古ゆえにシャワーにそういう癖がついているのだろうと思っていたが、ある時、博さんの不満は唐突に解消された。

いったん右を向いた後、シャワーヘッドが再び正面に向き直るようになったのだ。

面倒がなくなって良かったと喜んでいた彼が、転居を決意したのはつい先日のこと。

右に向いたシャワーヘッドを彼の頭へと向け直してくれる、白くてなよやかな肘から先だけの女の手が、ユニットバスの壁から生えているのを見てしまったからだという。

長生きの秘訣

地区の役員になったR氏は、町内会の用事などで住民の家を訪問することがある。

その訪問先の一人、Sさんは、独居で暮らす九十代の男性。

「訪ねると居間にあげられて、お茶なんかに付き合いながら軽く世間話するんですけれど、居間と台所の境にあるスリガラス戸の向こう側を、誰かが行ったり来たりしているんです。独居の方なので、家には誰もいないはずなんですがね」

ある時、頻繁にその人影が行き来するため、思わず「お子さんですか？」と訊ねた。

「明らかにウロウロしているので帰省しているのかなとか思って」

するとSさんは首を振り「誰かいるように見えますか？」とR氏に問うた。

小さく頷《うなず》く彼を見て「古い家ですからねぇ」と言い、Sさんはスリガラス戸を開ける。

「誰もいないんですよ、ついさっきまで人影が見えてたのに。そしたらSさん『古いと言っても自分が建てた家だから、誰かいるなら妻でしょう』って、ちょっと嬉しそうにね」

Sさん夫妻は、おしどり夫婦として町内では有名であったという。

水の子

三日と開けずにカンナさんの部屋を訪れていた彼氏が、パタリと立ち寄らなくなった。

連絡を入れてもどこか素っ気ない。フェイドアウトを狙っているのかとカンナさんから別れ話を切り出すと、泣いて抗《あらが》ってきて意味が分からない。おまけに、「お願いだからお祓《はら》いに行って」などと妙な要求をして、土下座までしてくる。彼氏によれば、「ある日を境にカンナさんに何かが取り憑き、それが怖くて仕方がない」のだそうだ。
○月○日と、彼氏はピンポイントで問題の日付を告げた。
その前日に、カンナさんは親友の訳アリの堕胎手術に付き合っていたことを、彼氏は知らない。

そしてカンナさん自身も、近頃入浴時に、湯船に張ったお湯の中にブクブクとあぶくが立つのを幾度か目撃していた。まるで水中で、何かが息づいているかのように。

お祓いには行かずに、彼氏の方を切ったカンナさん。

親友を誘って、お参りには行こうと思っているとのこと。

テレビの裏

当時、ルリコさんは念願のひとり暮らしを始めたばかりで、毎日のように遅くまで遊び歩いていた。その夜も、ルリコさんは顔なじみのできたイングリッシュパブで軽くお酒を飲み、ほろ酔い気分で店から出た。

出口の前を、通りがかる女性の姿が目に入った。日本人離れした長身とダイナミックな曲線に恵まれた肢体を、すっきりとしたダークブラウンのスーツに包み、首にはスカーフを巻いている。ゆるやかなウェーブのかかった髪は肩にかかるぐらいの長さで、輝くように黒い。顔はよく見えなかったが、目の覚めるような真紅に塗られた唇だけは強烈な印象だった。雑居ビルが並ぶ、ごみごみした界隈のほうへ向かっている。

ルリコさんは、その女性から目が離せなくなった。あの人の黒髪に意識が吸い込まれていき、何メートルか離れているのに、花の香りすら漂ってくるように感じた。足が勝手に動き、妖しい胸のときめきをおぼえながら、ふらふらとついていってしまったのである。

五階建ての、事務所などが入った古いビルの前にくると、あの人はいきなり直角に曲がって、入口に飛び込んでいった。ルリコさんも、その入口で足を止める。恐る恐る中を見てみると、コンクリート打ちっぱなしの内部は真っ暗で、人の気配はまったくない。さすがに建物の中まで入っていくことはできず、ルリコさんは心地よかった酔いがさめていくのを感じながら、もと来た道を引き返そうとする。

足下に、真新しいメモ用紙が落ちていた。拾い上げてみると、女らしい文字で「テレビの裏」とだけ書いてある。

メモ用紙を投げ捨てて帰宅したルリコさんは、気になって自室のテレビの裏を見てみた。テレビを設置したときにはなかったはずの、茶封筒が落ちている。中を見ると、まったく身に覚えのない現金十万円が、しわひとつない一万円札ばかりで入っていた。

それから十年ほど経った今でも、封筒も現金もそこへ置いたままにしているんですよ。なんだか怖くって、手をつけられないんですよね。

ルリコさんはそう言ってテキーラサンライズを飲み干すと、カウンターへ次の酒を頼みに行った。ここは、十年前のあの夜にも、彼女が飲んでいたお店である。

まえのまえ

数年前のことですが。わたしはその日、引っ越し先を探すために市内の不動産屋を訪ねていました。

それで、女性社員さんから部屋の説明を聞いていたんですけれど、いきなり自動ドアが勢いよく開いて、三十代くらいの男性が怒鳴りこんできたんですよ。

「おい、爺さんのオバケが毎晩出るなんて聞いてないぞ！　部屋を貸すときは告知義務があるんだろ。なにも教えず貸すのは〈なんとか違反〉ってやつじゃないのか！」

男性は顔を紅潮させながら、受付の女性社員にまくしたてていました。

どうやら「借りたアパートに夜な夜な老人があらわれる。ならば事前に知らせておいて然るべきだろう」とまあ、そういった主旨の抗議らしいんですね。

クレーム内容もさることながら、あまりの剣幕に驚いちゃって。なんだか部屋の説明を聞き続ける雰囲気じゃなくて、わたしはじっとその場を遣り過ごしていたわけです。

それで、一分ほど経ったころでしたかね。

奥の部屋から社長と思われる中年の女性が姿を見せたんですよ。

「あのねえ佐藤さん。心理的瑕疵《かし》物件の告知義務は、あなたの前に住んでいた人が自然死じゃなかった場合に発生するの。前の前の住人がカーテンレールで首を吊っても、酔った身内に殺されても、孤独死のすえに風呂のなかで腐っても、それをあなたに教える義務はないのよ」

ひと息で言いきるや、女社長はすぐに奥の部屋へ戻っていきました。

納得いかなかったのか、男性はその後も抗議を続けていました。わたしは部屋を借りる気なんてすっかり失せちゃって、そそくさとその場をあとにしたんです。

だから、あのトラブルがどう決着したのかは知りません。

実は最近「もう一度、不動産屋に顔を出してみようか」と悩んでいるんです。

だって、気になるじゃないですか。その部屋の、前の前の住人……自殺なのか他殺なのか、孤独死で腐っちゃったのか。それを聞きたくて。

ねえ、どれだと思いますか。どんな姿で出てくると思いますか。

子供が好きだから

西澤さんの町内に、知る人ぞ知る家がある。

入居した家族から死人が出る家だ。

入居者に教えてあげれば良さそうなものだが、近隣住民は「呪い」を恐れて口を閉ざしている。

呪いにはレベルがあるらしい。

入居者が夫婦だけなら、大怪我や病気だけで済む。

その場合でも、結局は引っ越してしまうのだが、なんとか命だけは助かる。

未成年の子供がいる家族だと、そうはならない。必ず親が死ぬ。父親も母親も助からない。

しかも、家の中で死ぬわけではないので、瑕疵物件にはならない。

子供には何も起こらないが、両親を亡くすため、行き先は親戚縁者か施設の二択になる。

もともとの所有者は、一人暮らしの優しい老人だった。

自身も孫がいるらしいが、なかなか会うことができず、代わりに近隣の子供達を可愛がっていたという。

孤独死しているのを発見された時、孫の写真を握りしめていたそうだ。

子供を呪わないのは優しさからだろうが、結果的に不幸にしている。

誰かが、そう教えてやれば呪いが消えるかもしれない。

それが、西澤さんを含めた町内全員の推測だ。

実行する人は、今のところいない。

立地条件が良く、綺麗な家なので、間違いなくまた入居者が来る。

翻弄

耕司さんは駅で電車を待っていたら背中から誰かに突き飛ばされた。

線路に落ちる自分がスローモーションで感じられ、警笛が迫ってきたのでもうだめだと思ったら線路の側から見えない何かに突き返されてふわりとホームにもどり、尻もちをついたという。助かったと思ってあたりを見回したが昼過ぎのホームはがらんとして近くに人はいなかった。

これをずっと「悪意ある誰かに殺されそうになったところを守護霊に助けられた」体験だと思い、そう人にも語っていたが、仕事で親しくなった霊能者の女性から「そうではないですね」と訂正された。

「後ろから突き飛ばしたのは人ではなく霊なんですが、それは線路側から反対に突き飛ばし返したのと同じ霊です」

つまり一人の霊に弄《もてあそ》ばれたというか、おもちゃにされたんですよ。

そう言われて「まさかそれが私の守護霊ってことじゃないですよね？」と訊くと、笑って答えを濁されたそうだ。

佐藤さんは結婚できない

パティシエの佐藤さんには、長年憧れ続けてきた理想の女性がいる。
最初にその女性と出会ったのは、中学二年生のとき。
真夜中に目を覚ますと、布団の足元に見知らぬ女性が立っていたのである。
長い黒髪を垂らし、口元から血を滴《したた》らせた――とても美しい女性だった。
そして彼は、その女性をひと目見た瞬間から恋に落ちたのだという。
以来、女性は時々彼の寝室に現れるようになった。
高校生の頃、佐藤さんはその女性と本気で結ばれることを考え始めた。
が、不可能だった。
女性の体に触れようにも、金縛りに遭っていて指一本すら動かせないからである。
そのため最近では妥協をし、その女性に似た容姿の結婚相手を探している。
「でも……理想が高すぎるんでしょうね。中々、似た女性が見つからなくて」
因《ちな》みにその女性が現れると、佐藤さんは必ず運気を落とすらしい。
が、本人はまったく気にしていない様子である。

血夢

以前、友人の佐藤君にはハルミさんという彼女がいた。
まだ、つき合い始めたばかりの時期で、数回デートをした程度の関係だったらしい。
ある晩、佐藤君は彼女の夢を見た。
気がつくと自分は長い廊下に立っており、ドアの無い部屋が幾つも並んでいる。
その内のひとつを覗き込むと、畳敷きの部屋にハルミさんが正座をしていた。
彼女の顔は血塗《ちまみ》れで、縋《すが》りつくような眼差しで佐藤君を見上げていたのだという。
悲鳴を上げて目覚めた彼は、速まった鼓動を暫く抑えることができなかった。
「それで、気になって……翌朝、ラインを入れたんだけど」
幾ら待っても、トークに既読がつくことはなかった。
部屋に招かれたこともなかったので、彼女の住所も知らない。
それから四年が経過したが、いまだに彼女の行方はわからないのだという。

綻び

深夜になって自宅マンションに帰り、エレベーターのボタンを押す。

目的階に着いたので降りると真っ暗だった。照明の電球が切れているのかと思いつつ、廊下を進む。普段なら三メートルも廊下を歩けば自室のはずが、鞄からスマホを出して光源にすると、だだっ広い空間がそこにあった。こんなに広い階が存在するはずはない。

不安になって引き返すと、エレベーターはまだ待機していた。乗り込んで確認すると、三階と五階の間に、数字がマジックで乱雑に塗り潰された四階と思しきボタンがある。五階住みなのに、いつものボタンと勘違いして、塗り潰された四階のボタンを押してしまったらしい。今度こそ五階のボタンを押し、降りるとそこには明るい電球に照らされた、見慣れた風景があった。自室にたどり着くと安堵の余り布団に倒れ込んで眠った。

翌朝、出勤時に一基しかないマンションのエレベーターに乗ると、昨晩見たマジックで塗り潰されたボタンが見当たらない。そこには、五階と三階の押しボタンが隙間なく並んでいるだけだった。そういえば、〈四は縁起が悪い数〉と大家が嫌っているとかで、三階の上を〈五階〉と表示しているのだと入居時に説明があったのを思い出した。

さすがの先輩

高校時代の先輩が、不運な事故で二十歳の若さで命を落とした。部活の部長を務め、明るく頼りがいのあった先輩の死を、リカコさんをはじめとした後輩一同は心から悼んだ。

時は過ぎて一周忌。先輩を慕っていた後輩五人で、墓参りに出掛けた。一年という月日が悲しみを癒してくれたのか、先輩の思い出をとことん語り合おうと、一同で近所のファミレスへと立ち寄った。

「いらっしゃいませ」

案内されたテーブル席に五人が座ると、店員が水を運んできた。その数は六個。当然のように、ひとつ残った空席の前に六個目のグラスが置かれた。

「先輩、ここにいるのかな」

コップが置かれた席の隣に座っていたのは、亡き先輩と交際していたリカコさんだった。応えるように、満たされたコップの水面が揺らいだような気がした。

――と、ここまでは、よく聞く話ではあるなと感じられたリカコさんの体験談は、さらに続いた。

そろそろお開きにしようと皆でレジへ向かうと、店員が驚くべきことを告げた。

「お代は、既にお連れ様からいただいておりますが」

後輩五人、誰も先に帰った者はいない。そして全員分の会計を済ませることが出来るような、懐《ふところ》に余裕のある者もいなかった。

「やっぱ先輩いたんじゃね」

後輩男子のひとりが呟いた。バイト代が入れば、後輩を集めてジュースやアイスをおごってくれた先輩。確かに、らしい。

その場で起きた奇跡に皆が沸き立つ中、「そんなわけねぇじゃん」と、別の後輩が鼻息を荒くした。

「それ何かの間違いです。俺たち、ちゃんと払いますから」

そうレジの女性に訴え、皆にも支払うよう強く促《うなが》した。彼は、極度のオカルト否定派であった。

「素直におごってもらっといた方が、先輩も喜んだと思うんだけれどね」

草葉の陰からってヤツ？　と、リカコさんは青き時代の思い出を懐かし気に語ってくれた。

たてわれ

三年ほど前に、ドローンで国定公園を撮影したんだよ。

お堅いクライアントだもんで、詳細な契約内容はちょっと言えないんだけどさ、「人間が立ち入れない区域を記録する」という仕事でね。そりゃ興奮したよ。だって、前人未到の原生林なんだもの。で、しばらくは「すげえなあ、すげえなあ」と連呼しながら送信機を弄《いじく》っていたんだけどさ──十五分くらい飛んだころだったかなあ。

モニタの端にちらちら動くものがあるんだよ。橅《ぶな》のあいだをなにかが走ってるんだ。「なんの動物だろう」と期待に胸を躍らせて、ドローンのレンズを向けたら──。

鹿なんだよ。

身体が右半分しかない鹿なんだよ。縦に割れた一頭の雄鹿が断面を剥《む》きだしにしたまま、器用に木々をすり抜けながら駆けているんだよ。

こちらが驚くうち、鹿は木の陰へ入ってしまったみたいで見えなくなっちゃってね。追いかけたかったけど、俯瞰《ふかん》で撮る仕事だから下降するわけにもいかなくて。泣く泣く諦めたよ。おまけに「素材をそのまま提出する」って契約だったもんでさ、映像は手元に残さなかったんだ。いまは「こっそりダビングしとけばよかった」と悔やんでるよ。

でもさ、いまいち腑に落ちないんだよね。

ほんの十数秒とはいえ、映像を見れば一発で〈鹿〉に気づくはずなんだぜ。でも、あのあとクライアントからいっさい連絡がないんだよ。

もしかして——あれ、けっこう有名なのかね。あの森では珍しくないのかね。

真っ赤な唇

ユリエさんは、ときどき金縛りに遭うことがあるという。

ベッドに入って目を閉じると、身体から力が抜けていき、動けないというより手足がなくなったような感覚が生じる。そこで目を開くと、電気をつけていても目の前は真っ暗な空間になっている。そして、その真っ暗な空間に、視界を覆うほどの大きな唇が浮かんでいるのだ。

その唇はぽってりと程よい厚みを持ち、赤くつややかで、開いたり閉じたりと忙しく動く。開くと、中にある白い歯とピンクの舌が見えるのだという。歌っているようにも、口全体が踊っているようにも見える。それが出てくると楽しい気持ちになるんです、とユリエさんは話す。

だって、かわいいんですよ。すごくかわいいの。私もあんな唇だったらいいのにな、と思うぐらいです。

それが現れるのは、決まってユリエさんが新しい口紅を買ったときである。
どんな色の口紅を買っても、その唇は血を塗ったように真っ赤なのだという。

招き婆

小学生の頃、吉村さんは海岸沿いで暮らしていた。自宅から十分ほど歩くと海岸がある。夏休みは毎日欠かさず遊びに行っていたという。

入り江の一角に、いつ行っても佇んでいる老婆がいた。じっと沖を見つめ、微動だにしない。

吉村さんは十歳までそこで暮らしたが、その間に老婆が動いたのを見たのは僅かに三度だけだった。

動くといっても、右手を挙げてひらひらと動かすだけだ。誰かを手招いているように見えた。

老婆がそうやって動くと、次の日に必ず水死体が流れ着いた。

大抵の場合は後になってから知ったのだが、吉村さんも運よく一度だけ、野次馬になって覗いたことがある。

警察官が調べている水死体の上に、あの老婆が跨《またが》ってにんまりと嗤《わら》っていた。

オレンジヘッド

小学生時代、葵君は放課後に友達の登君の家によく遊びに行っていた。

その日も玄関の前で登君を呼ぼうとすると、背後に人のいる気配を感じた。

登君だと思って振り返ると、頭がやけに大きい。そこにいたのは半袖のシャツと短パンを身につけた少年で、頭が巨大なミカンになっていた。

被り物と思って少年の頭部に触ると、それは着ぐるみではなく、凸凹とした冷たいミカンの皮の感触だった。皮を剥けば登君が出てくると思い、葵君はミカン頭の茶色いへタをつかんだ。皮を剥きおろすと傷んでグジュグジュにとろけた果肉が果汁にまみれて飛び散った。無我夢中で果肉を毟《むし》っていくと、腐汁まみれになった手が宙を掻《か》いた。

目の前に、首から上の無い少年が立っている。

絶叫した瞬間、彼が登君だと思っていた少年は音もたてずに掻き消えた。

「結局その日、登んちは留守にしてて、俺が一人でおかしな目に遭っただけだった」

ミカン頭が出たのは、農家である登君のみかん畑から、ちょくちょく葵君が熟れたみかんを盗み食いしていたことと関係がありそうだ。

人生

会社の忘年会でカラオケに行った。

後輩の女子が歌っていると、唐突にうなり声がかぶさる。

声はあきらかにスピーカーから聞こえてきたが、他にマイクを持っている者はいなかった。別の部屋のマイクが混信したのだろうか？

哲矢さんが首をかしげていると、曲が間奏に入った。

やがて今度ははっきりと男の声で、

「だったら、オカモトヒロノブの人生はどうなる」

そう聞こえたという。

すると後輩女子はマイクを握ったまま凍りついた顔になり、肩を震わせて泣き出した。

その場ではどうにか落ち着きを取りもどしたものの、正月が明けても彼女は出勤してこず、そのまま会社を辞めてしまった。

同期の子から聞いたところでは、どうやら彼女には昔同じ名前の恋人がいたらしい。

だが、それ以上のことは何もわからないという話である。

忘れ物

松田さんが深夜、埼玉の北部をひとりでドライブしたときのこと。
途中、秩父《ちちぶ》にあるSトンネルに入った途端、ぞくりと背筋に悪寒が走った。
どうにも、背後に人がいるような気配を感じるのである。
しかし、幾らルームミラーを覗いたところで、何が映る訳でもない。
それでも気になるので、Sトンネルを抜けたところで車を路肩に停めた。
――後部座席に、髪の毛の束が置いてあった。
脂気の抜けた、かさかさに乾いた毛髪だったという。
が、何故そんなものが車内にあるのか、理由はわからない。
気味が悪くなり、松田さんは毛髪を摘まみ上げると、そのまま道路脇に捨てた。
数日後、松田さんはその車で追突事故を起こし、廃車にしてしまった。

飛ばす

映画やドラマの影響で、米国での死者の埋葬方法は、棺をそのまま地中深くに埋める「土葬」であるとのイメージが強いが、土地不足や宗教観の変化などといった理由から、近年「火葬」を選ぶ遺族が増えてきているという。

米・カリフォルニア州で暮らすヤスコさんも、ご主人が他界された際に母国日本と同様に火葬を選択した。米国の場合、火葬炉が日本より高温に設定されているため、骨は残らず灰になるまで焼き切る。その遺灰を入れる壺は「ｕｒｎ」と呼ばれ、様々な素材、デザインの物が存在する。

葬儀が終わり、ｕｒｎに納められたご主人の遺灰と共に自宅へ戻ると、暖炉の飾り棚の上にｕｒｎを置き、お子さんたちと亡き夫の思い出を語り合った。話題がご主人のちょっと恥ずかしいエピソードで盛り上がっていた時だ。きつく締められていたはずのｕｒｎの蓋がいきなり外れて、フリスビーのように飛来してヤスコさんの眼前をかすめた。

真鍮製の重量もある蓋を飛ばしてまで止めたかったご主人の恥ずかしい話は、故人の名誉のためここでは割愛する。

動かす

ご主人の遺品整理を手伝いに、姪御さんがヤスコさん宅を訪ねてくれた際のこと。

「欲しいものがあったら、形見分けに持っていってね」

そう声を掛けていた姪御さんが、嬉しそうに見つけ出してきたのは、一枚の色あせた写真であった。チアリーダー姿の笑顔のまぶしい女の子。ご主人がクローゼットの奥に潜ませていた、ハイスクール時代のガールフレンドの写真が発掘されたのだ。写真はリビングのテーブルに置かれ、しばし話題の中心になった。ご主人の元カノ話に白熱したのち、再び片付けに入ろうとヤスコさんらがほんの少し目を離した直後——

写真がテーブルから消えていた。

いったいどこに？　と、広いリビングをあちこち探す。何しろ、遺灰が入った壺の蓋を吹き飛ばすほどのエネルギーをもつ亡き夫だ。写真ぐらい動かすのは楽勝であろうと。

写真はテーブルから二メートルほど離れたカウチソファの下で発見された。丁寧に裏返しにされ、きっちりと角を部屋の隅に合わせた状態で。

初恋は秘めておいてくれ。そんなご主人からのメッセージとして、解釈したという。

2D

幽霊は2Dである。ヤスコさんがそう考えるに至った逸話を綴る。

登山が趣味のヤスコさん。一泊二日の山行中、山小屋で友人と布団を並べ床に就いた。夜更け過ぎに目が覚めたのは、何かの気配を感じ取ったからかもしれない。友人と自分の布団との間に、誰かが立っている。登山服を着た男性のようだが、様子がおかしい。薄い。色合いもぼんやりしているし、体の厚みが一切ない。ふっと息をかければ飛んでいきそうな質感だ。

生きた人間ではないなと判断し、ならば騒ぐ必要もないかとヤスコさんは暫し男性を観察した。色味が薄く感じたのは、男性の体全体が網目状になっているからだと気がついた。目を凝らせば、男性の体越しに友人が眠る布団も山小屋の壁も見えてくる。恨めし気な視線を向けてくるわけでもなく、窓の向こうを無表情で見つめる平面の男性。害はないだろうと判断し、ヤスコさんは再び目を閉じた。彼女にとっては、明日の登頂の方が重要であったから。

南アルプス、甲斐駒ヶ岳での出来事である。

未遂

マユさんが友人と駐輪場へ行くと、自分の自転車を引っ張り出そうとしている人がいた。慌てて「それわたしの自転車ですけど」と声をかけると男は明らかに焦った様子で、自分の自転車を出すのに邪魔で動かしていたのだとヘタクソな言い訳をしだした。

そういうわけですからと、男は隣の自転車のハンドルを掴んだが、それは友人の自転車だ。「それ私の！」すかさず友人が叫ぶと、男は曖昧な態度をとって立ち去った。

戻ってきたら怖いので早々に帰ろうと自転車を出そうとしたら、友人が悲鳴を上げる。

マユさんの自転車のカゴに、もじゃもじゃしたものが入っている。

髪の毛だ。掴んで引き抜いたくらいの量の塊がカゴの目に絡まっている。

友人の自転車のカゴにも、僅かにだが髪の毛が絡まっていた。

「やばい、やばい！」「キモイ、キモイ！」

早くこの場を離れようと自転車を動かすマユさんの足が何かを蹴った。仏壇に置くような青色の香炉が足元にある。白い灰に短くなった線香が何本も立っており、そこにも髪の毛が散らばっている。

二人は駐輪場からだいぶ離れた場所で、半泣きでカゴから髪の毛をむしり取った。髪の毛は茶色っぽく、一部が白髪になっていたという。

危険運転

夜中に運転していた隆さんは、道路がトンネルに差し掛かったところで無灯火の黒い車に追い越された。黒い車体は夜間の視認性も悪く、無灯火でのトンネル内の追い越しは危険なことこの上ない。

ナンバーを覚えて通報してやろうかと隆さんが目を凝らすと、前を走っていた車がトンネルを出た途端に見えなくなった。スピードを上げたのか？　否、見渡す限り道路の前方にも車の姿はない。無灯火の黒い車体は、闇に消えたとしか言いようがなかった。

後でわかったことだが、そのトンネルでは過去に死亡事故が起きていた。白い車が自損事故で大破炎上し、車体は黒焦げになったと聞く。

「最初は危ないから頭にきたけど。あの黒い車、ずっと自分が死んだこともわからないで同じ場所を走り続けているのかと思うと、可哀想だよね」

黒い車が暴走する理由は〈自分が死んだことがわかっていない〉という他に、〈隆さんを道連れとしてあの世へ連れて行こう〉としたのかもしれない。

隆さんを怖がらせてはいけないので、その思い付きは言わないでおいた。

完生

以下は、ある男性より私宛てに届いたメールを再構成したものになる。

話者の要望により、情報の一部が改変されている旨をあらかじめご了承いただきたい。


昨年、友人のAから「フェイクドキュメンタリーを創らないか」と持ちかけられた。

心霊めいた映像を恣意的に制作し、なんの説明もつけず動画サイトへアップロードして世間を騒がせたいのだ──とAは言う。

「スマホで撮った〝それっぽい〟画に、古いビデオテープ系のエフェクトを加えるんだ。不気味な小物や不穏な科白《せりふ》を散りばめておけば、視聴者が勝手に考察してくれるから」

なんとなく興味を惹かれ、男性は軽い気持ちでエキストラを引き受けた。ところがいざ撮影がはじまると、Aは「三歩目をあと五ミリ大股で」「もっと南西に顔を伏せて」などと、やけに注文が細かい。二回ほど手伝った直後に仕事が忙しくなり、うんざりしていたのもあって三度めのエキストラを断ったところ、それきり連絡が来なくなった。

半年後──彼はカメラマンを務めていた友人と、駅前でばったり再会する。

ひとくさり世間話をしてから「そういえば、Aのアレは完成したの」と訊けば「いや、あれは……」と、ずいぶん口が重い。

「実はAがあまりこだわるもんで険悪になっちゃって、ひとりが〝たかが遊びでしょ〟と文句を言ったんだよ。そしたら翌日、AがVHSテープとデッキを現場に持ってきてさ、〝忠実に再生しないと再生しないんだぞ〟とか言いながら、無理やり映像を観せるんだ。昔のホームビデオみたいなんだけど、場所も衣装も科白も俺らが撮影したそのままでさ。〝なにこれ〟と訊いたら、あいつ〝拾わせていただいたんですよう〟って泣きはじめて」

それですっかり気味が悪くなり、全員が辞めたのだという。

数日後、Aから【つまり完成とは完生です】という題名のメールが届いた。

本文は空白で画像データがひとつだけ添付されている。開いてみると、錆びた給水塔の前で知らない子供を背負っているAの写真だった。

メールは返信せずに削除した。

「完生した映像」を見つけてしまうような気がして、動画サイトは閲覧していない。

何かを捨てる

「家賃の安い平屋に住んでます。はい、金無いもんで。不動産屋に『古くても汚くても、とにかく安い物件紹介してくれ』つったら『ネズミの苦情のある家で』って歯切れ悪い感じでしたけど、月一万五千円なら仕方ねえやと、それで住みだしたんです。でまぁ、そんな夜に寝てるとトコトコトコトコ、屋根裏とか走り回ってる音が聞こえるんですわ。そんでネズミ捕り、屋根のついてる粘着シートの、あれ買って置いてみたら、次の日の朝、そのねずみ捕りがモソモソ動いてる感じがあって。『あ、これ結構デカいの捕まってるな』って屋根開いたんですけど何もいない。でもなんか妙な気配みたいなのはあるから、気味悪いのもあってそのまま捨てたんですね、何も捕まってないのに。そしたらしばらくのあいだネズミの足音聞こえなくなりました。何ヶ月かしてまた聞こえるようになるんですけど、その時もネズミ捕り置いて、同じように何も捕まってないけど動いてる感じと気配はあるしってんで捨てて、するとやっぱり足音聞こえなくなったんで、以降それを繰り返してます。何も捕まってないけど何か捨ててるっていう。ネズミなのかなんなのかもわかんないんですけど、足音は無くなるんで、まぁ儀式みたいな感じで」

揺れる月曜日

お子さんが通う小学校のボランティアで、リョウコさんは毎週火曜日の朝、通学路の交差点で旗振り当番をしていた。

ある週末、月曜日担当のご父兄から、親戚に不幸があったので旗振り当番を代わって欲しいとお願いされた。困ったときはお互いさまと、リョウコさんが交差点に立った月曜日。いつもの火曜日とは違う、居心地の悪さを感じた。交差点で止める車の運転手は、ごく稀《まれ》に笑顔を返してくれる人もいたが、通勤の忙しい時間帯だ、露骨に不機嫌な顔を見せたり、大げさにため息をついたり、怒号を発する輩も多数いた。しかしその月曜日、リョウコさんが止めた車の運転手は、みな異常なほどの笑顔だった。いや笑顔というにはいびつ過ぎた。不自然なまでに上げられた両の口角。目は全く笑っておらず、思い切り見開かれている。そして何故か、左右にユラユラと揺らされる頭。そんな運転手が、何台も続いたのだ。

曜日のせいだったのか、その日だけの異変だったのかはわからずじまいだが、かつて幾度かの死亡事故が起きている交差点であるという。

ささやかな誤階

会社へ出勤してきたハルミさんが、職場があるオフィスビルのエレベーターに乗って、いつものように六階のボタンを押すと、硬いはずのボタンがその日に限ってぐにゃりとへこむような感触がした。エレベーターが六階に着き、職場があるはずのドアを開けると、そこは見知らぬ広いオフィスになっていて、二十人ほどの男女がスーツを着てデスクに座り、パソコンと向き合っている。全員、インドあたりの南アジア系外国人のようだった。

ハルミさんは、降りる階を間違えたのかと思い、「ソーリー」とひとこと言ってオフィスを出た。エレベーターはまだその階にあったので、乗って一階まで下りてみる。やはりいつもの建物だ。ビルを間違えたわけでもないようだった。

念のためもう一度、六階のボタンを押してみた。今度はいつもどおりのかっちりした感触がする。着いた階でもう一度、職場があるはずのドアを開けると、見慣れた自分のオフィスがそこにあったのである。その日の仕事を終えたハルミさんは、帰りに本格インドカレー屋に入り、夕食にスパイスのきいたビリヤニを食べて、満足して帰宅した。

店員は、あのオフィスにいた人たちによく似ていたそうだ。

松ぼっくり

一人旅の最終日、原田さんは海岸沿いの松林を散歩していた。

物思いに耽《ひた》りながら歩いていくと、頭上から松ぼっくりが落ちてきた。

何気なく見上げると、太い枝に縄が絡みついていた。
五、六歩通り過ぎて、原田さんは立ち止まった。
あの縄、首を吊ったとか。そう思った途端、また頭上から松ぼっくりが落ちてきた。

見上げるとまた、枝に縄が絡みついている。

振り向いて先程の縄を探したが見当たらない。原田さんは顔を伏せたまま、松林の出口に急いだ。

引っ切りなしに落ちてくる松ぼっくりは無視、絶対に上を見ない。

自分にそう言い聞かせ、ようやく道路に出られた。

自宅に戻った原田さんは、居間でくつろぎながら松林の出来事を思い返した。

その途端、テーブルの上に松ぼっくりが落ちてきた。

二時二十二分

飲み会のあと、どうにか終電に間に合った悟美さんは吊革につかまってうとうとしていた。

ふと誰かに肩を叩かれた気がして顔を上げると、車内が妙にがらんとしている。

さっきまで混雑していたはずなのに、両隣の車両まで人っ子一人見当たらない。

焦って携帯を取り出したら時刻は二時二十二分を示していた。そんな時間に電車が走っているはずがない。

と、着信があったので見れば取引先の前任の担当者Fさんからだ。

混乱したまま出ると「ありがとうございます、その節はたいへんお世話になりました」というFさんの声がかすかに聞こえ、すぐに切れた。

そこからどうやって帰ったのか悟美さんは記憶にないが、翌朝は自宅のベッドで目を覚ました。

出勤した彼女は、Fさんがゆうべ遅く心臓発作で亡くなったことを知る。

携帯にFさんからの着信記録は残っていなかったという。

ハザード

家に帰る途中、友人宅の駐車場にある車の、ハザードが灯っていることに気づいた。
消し忘れかと気遣い、車に近寄ってみる。
と、サイドガラス越しに人の腕が薄白く見えた。
（なんだ、乗ってんのか）
挨拶でもしておこうかと、運転席側に回り込むと——
腕しか、なかった。
ハンドルを握る二本の腕が、宙に浮いていたのである。
最初、作り物ではないかと疑ったが、白く映える素肌が妙に生々しい。
どうにも気味が悪くなり、黙ってその場から離れることにした。
翌日、友人がハンドル操作を間違え、大きな事故を起こしたと知らされた。
それが、前日の出来事と関係があったのかどうかは、わからない。

娘

芝田くんはバイト仲間のOの自宅へ遊びにいった。

ボロアパートだと聞いていたが想像以上で、知らずに通りかかったら廃墟と信じて疑わなかっただろう。

だが奥さんと子供がいるだけあって中は広く、八歳になる娘は自分の部屋でずっとゲームをしているとかで姿を見なかった。

Oと奥さんと三人で酒を飲んでいると、時折悲鳴のようなものが聞こえてくる。

娘が叫んだのではと思ったが、夫婦は笑いながら「隣にアル中の女が住んでてこの時間になるといつも一人で暴れてる」と言った。

だが芝田くんにはもっと近くから聞こえた気がしたし、子供の声だと思った。

トイレに行くついでに様子を見ようと、ゲームの音がする引き戸をそっと開けて覗くと、テレビの前にコントローラーを握って胡坐をかく中年女性がいた。

こちらに目もくれず、一心不乱にゲームに没頭する彼女のほかに部屋には誰もいない。

夫婦のところにもどって、芝田くんは「あの女の人、誰なの？」と訊いた。

だが夫婦はおかしそうに笑うだけで答えてくれなかった。

もう一度トイレに行ったときに覗いてみると、今度は仏頂面の子供がゲームをしていて、さっきの女の人はいない。

芝田くんが何かと訊く前に、

「壁！」

と子供が叫んだ。

すると右手の薄汚れた壁からさっきの女の顔が耳のあたりまで生えてきて、血走った眼をぐるぐる高速でランダムに動かし始めた。

転がるように部屋にもどってきた芝田くんを見て、夫婦はげらげらと腹を抱えて笑った。

娘さんが！　と訴える芝田くんを見ると、さらにひーひーと苦しそうな息をして涙を流している。なんだかわからないがとにかくここにいちゃだめだと察して、芝田くんはすぐにそのボロアパートを飛び出したそうだ。

二度とOに会いたくないと思い、気に入っていた夜勤のバイトも辞めてしまったという。

瘡蓋とボンレスハム

神奈川県のR陸橋が十年ほど前にとり壊され、橋の下にあった操車場はすっかり整備されて今は大型複合施設や介護老人保健施設ができている。その付近に中学一年まで住んでいた福島さんには、「火」にまつわる思い出がある。

「小学生の頃です。操車場を囲う草地で、小規模な火事があったんです。学校帰りかなんかでたまたま通りかかって現場を見ているんですが、まだ消防車も来ていなくて」

その時、延焼中の草地の中に転がっている奇妙なものを目にしたという。

瘡蓋《かさぶた》だらけのマネキンのようなもので、ちょぼちょぼと火がまとわりついて、死にかけのイモムシみたいにもぞもぞと身じろいでいる。

気味が悪く、なにより猛烈に臭くて、その場から逃げてしまった。帰るとすぐ親に話した。

「火事はあったけど、人が焼け死んだなんて話は聞かないよって親はいうんです。でも、ぼくが帰ってから救急車のサイレンがうるさいくらい近くで鳴っていましたし、なんといっても、その時に嗅いだ臭いです。あれは忘れたくても忘れられません。人が焼けていたんだと思います」

次は中学生になったばかりの頃の話。

友だち数名と同陸橋付近にあった建物の鉄階段に座って、当時流行していたカードのコレクションを見せ合っていたら、突然一人の友だちの手から出火した。

ボオッと音が鳴るほどの勢いで、一瞬だが目の前をオレンジ色の火が立って視界を遮った。その場にいるみんなが、それを見ていた。

火はその一瞬で消え、友だちに火傷《やけど》などはなかったが、カードの角がわずかに溶けて縮んだようになっていた。当然だが、誰もライターやマッチなど所持していなかった。

不穏な空気のまま三々五々解散し、帰途につく福島さんは陸橋を渡って坂を下りる途中、嗅ぎ覚えのある臭いに気づき、同時に草地に転がっているものに目がいく。それははち切れんばかりに腫れて表面がテラテラとしている、黒いボンレスハムのようなもので、短い尻尾と、脚が四つついている。何かの動物の死体だ。

それが転がっていたのは、福島さんが「焼けた人」を目撃した場所であった。

妻の足音

哲さんが天涯孤独だった境遇の妻と結婚して驚いたのは、彼女の足音がだぶることだ。ぽっちゃりとして体格の良い妻が家の中をドスドスと歩く音に重ねて、ほとほとと頼りない足音がついてまわる。

気のせいではなく確かに聞こえるので、哲さんは意を決して「ねえ、君の足音が二重になってるんだが？」と尋ねてみた。夫の問いに妻は、からからと笑ってこう言った。

「ああそれ、お母さんだよ。心配性だったから、死んでも私のこと見守ってくれてるの」

九年前に亡くなった妻の母親が、娘の行く末を案じて憑いているのだという。

妻は恰幅《かっぷく》の良かった父親似で、母親は吹けば飛ぶような華奢《きゃしゃ》な人であったらしい。亡き母親はたいへんに引っ込み思案な性格なので、妻の後をついて歩くのは家の中に限られ、外にはついてこないとのこと。

そういえば新婚旅行先の旅館では、足音は妻の物しか聞こえなかった。

故人とはいえ義母がいつも見守っているのだから、より一層妻を幸せにしてやらなきゃなと決意を固める哲さんであった。

ベランダ

とある休日、隆夫さんは友人Kの弟の引っ越しを手伝うことになった。

寝坊したので荷物の積み込みには間に合わず、直接電車で新居へ向かうことにする。

スマホに送られてきた住所へ、地図アプリで確認しながら無事到着。

アパートの二階のベランダにKの弟が立って手を振っている。

数年ぶりに会うが、仕事をやめて引きこもり気味とのことで、そのせいか少し太ったようだ。

隆夫さんも手を振り返していると、背後からクラクションを鳴らされた。

見ればトラックが停まって中からKと弟が降りてきた。

驚いてベランダを見たら誰もいない。

もう一度弟を見返す。ベランダにいた彼とそっくりの、少し不健康そうに太った体。

怖くなった隆夫さんは急に体調が悪くなったと嘘をついて、そのまま部屋にも上がらず帰ってきてしまった。

六日後、Kの弟は引っ越したばかりの部屋のベランダで、首を吊っているのを発見された。遺書はなかったそうだ。

SNS

Pさんの元彼は彼女が交際を打ち切った半年後に飛び込み自殺をした。

「それからまた半年ぐらい経ってからです」

深夜、寝ていると突然、駅のアナウンスが響いた。

驚いて飛び起きると枕元のスマホに映像が流れていた。

SNSにアップされていた元彼の飛び込み事故を報せる駅の動画だった。

もちろん、彼女はそんなものを保存していないし、基本、電源は切ってあるのだ。

「一時は凄く怖くて機種を替えたり、ショップに相談したりしてたんですけれど」

痕跡もなく、ショップで再現もできないのでお手上げなのだという。

いまでも時折、Pさんの部屋では飛び込みのアナウンスが深夜、流れる。

遺憾の威

十年ほど前、義姉が病気で亡くなったんですけど。

無信心が服を着たような人で、生前から「あたしが死んでもお葬式なんて無駄なことは絶対やらないでね」と念押しされていたんです。それなのに兄は気が弱いもんで、親戚の「田舎は世間体ってものがあるんだ」って意見で、家族葬をおこなう羽目になって。

だから当日は大変でしたよ。

お棺はいきなり横倒しになるわ、祭壇の花は銃撃されたみたいにばんばん飛び散るわ、兄に葬式を強行させた親戚は骨を折って斎場に救急車が来るわと、もう大混乱で。

いいえ、親戚は転んだわけじゃありません。焼香中に腰の骨がばきんと折れたんです。お医者さんは「誰かに蹴られたような折れ方だね」と首を捻《ひね》っていたらしいですけど。

「あれほど無信心でも化けるんだな」って、しばらく親族間で話題になりました、はい。

水子霊

不倫の子を中絶してから、幸さんの体調は思わしくなかった。常に体がだるくてやる気が起きない。

術後一ヶ月が経過しても鬱々としていると、幸さんの住む部屋の中で、目に見えはしないが何か生き物の気配を感じるようになった。寝ている時、ネズミくらいの小さな何かが幸さんの手のひらに、そっと乗って来たりもした。

「堕《おろ》した子が、私を慕って来ているのだと気づきました。おかしなことですが、失ってから、初めて母親の自覚を持ったというか……」

母親として恥ずかしくないようにと、彼女は三年の間交際してきた不倫相手に別れを告げた。相手も中絶させた負い目があるようで、すんなり別れられたという。

それから、幸さんを訪《おとな》う小さな者は日に日に成長していった。六ヶ月を過ぎたこの頃では、「だぁだぁ」「まうまう」と赤ん坊めいた喃語《なんご》を発するようになった。

「目には見えなくても、嬉しかったんです。成長しているんだなぁって、私の赤ちゃん」

幸さんの幸福な日々はついこの間、終わりを告げた。そのきっかけは会社の同僚からの一言だった。霊感があると噂の同僚が、昼休みに幸さんに話しかけてきたのだ。

「貴方、良くない霊が憑いてる。貴方が可愛がっているそれ、赤ちゃんじゃないですよ」

赤ちゃんの存在を同僚に言い当てられて驚いた幸さんは、〈それは私の亡くなった子供〉だと反論した。だが、同僚は幸さんにとって辛い言葉をさらに畳み掛けてきた。

「生まれる前に亡くなった赤ちゃんの魂はすぐに天に還《かえ》りますから、この世に水子の霊なんて存在しないんです。水子の祟りなんて母親の罪悪感と、生きている人が金儲けのためにでっちあげた物にすぎないんですから」

大切にしてきた存在を否定された幸さんは、現在も悩みの渦中にある。

「死んだ赤ちゃんの霊じゃないとしたら、家に来るあの子はなんなんですか？　手のひらに乗るくらいの大きさから毎日、私、あの子を育ててきたんですよ」

話しかけて、抱っこをして、乳を含ませて、背中をとんとんと優しく寝かしつけて。

我が子でないとしたら、無邪気に自分に纏わりついてくるあれは、だんだんと大きくなるあれは一体何だというのか。

「もう、家でどんな顔してあの子に会ったらいいのか私、わからない」

お祓いは可哀想だから出来ないと、幸さんは両手で顔を覆って静かに泣いていた。

こだま

その日、K氏は住んでいる街の外れにある小高い山に登った。

「登山ってほどじゃなく、ちょっとしたピクニックっていう感じで」

平日だったこともあってか周囲には誰もおらず、好天のもと新緑を独り占めしていた彼は、ちょっといい気分になっていたという。

「普段なら恥ずかしくて絶対やらないですけど、ちょっと気持ちがあがっちゃって『ヤッホー』って言っちゃったんです。こだまが返って来る地形でもないのに」

するとその直後、彼の耳元で「やっほぅ」と誰かが呟いた。

「ああ、しまった、変なの聞いちゃったなと」

不意な出来事に気勢を削がれた彼は、極力冷静を装い、足早に下山したそうだ。

主護霊

トシカズさんが肺がんの手術を受けるため、奥さんと一緒に入院のための荷物を持って家から出ると、三十年前に亡くなったはずの祖父が、電信柱と同じほどの身長になって、半透明で微笑んですぐに消えた。奥さんには何も見えなかった。

トシカズさんの手術は成功したが、退院直後に奥さんがくも膜下出血で亡くなった。

祖父と同じ病気だった。

相互

千葉県在住の昇さんは疲労時に、まばたきが重たく感じることがあるという。

リモートワークになってから特に増えたそうで、だいたい三十分ほどで治るそうだが、その日はその状態が何時間も続いていた。

よほど疲れているか、体調を崩しているのかもしれない。仕事を止めて横になっていると、広島の実家から電話があり、妹からこんなことを言われた。

「お兄ちゃん、いまどこ？　大丈夫？」

なんのことだと訊き返すと同じことを訊かれたので、千葉の家だよと答えた。

広島の実家にも、昇さんがいたらしい。

つい先刻、洗面所に入っていく昇さんを見て、びっくりして「お兄ちゃん⁉」と声をかけたのだという。向こうもハッと気づいて妹を見たが、顔を妹に向けたまま、何も言わず洗面所に入っていった。怖くて母親を呼んで一緒に見に行ったのだが、洗面所に昇さんの姿はなかった。そんなものを見てしまったので、昇さんの身に何かがあったのではないかと心配になり、連絡をくれたのだという。

昇さんはこれを笑い飛ばさなかった。むしろ何らかの暗示と受け止め、その後の仕事のスケジュールをすべて見直した。

それから幾日も経たない、ある日の晩。

今度は昇さんが妹の「声」を千葉の自宅で聞いている。溜め息交じりのような弱々しい声で、大きな失敗や落胆で漏れる絶望的な色を帯びているといい、くれぐれも悩みなどは一人で抱え込まないで相談してくれと妹に固く約束させたという。

手だし無用

篠原さんが幼い頃、近所に小さな空き地があった。四畳半程度しかない地面の四隅に竹竿が立てられ、それぞれが縄で繋がれている。

ただの縄ではない。紙垂《しで》が付けられた注連縄《しめなわ》である。この土地は神様が祀られており、絶対に入ってはいけないと言われていた。

そう言われたら、やりたくなるのが少年というものだ。

だが、地面は常に湿っており、確実に足跡が残る。大きさから子供だと分かってしまうだろう。

残念だが諦めるしかない。

篠原さんは、悔し紛れに注連縄を思い切り引っ張った。

古びていたせいか、注連縄は呆気なく千切れてしまった。

その日の夕方近く、千切れた注連縄が見つかり、大騒ぎになった。夜のうちに神主が呼ばれ、仰々しい儀式を経て新しく縄が張られた。

やったのが自分だと分かれば、大変なことになる。篠原さんは白《しら》を切ろうと決めた。

翌朝。その目論見は見事に崩れ去った。

確たる証拠が残っていたのだ。

篠原さんの右手の人差し指、中指、薬指の第一関節から先が無くなっていた。痛みはなく、初めから無かったようにツルンと丸まっている。

大きな病院で診てもらったが、元々こういう状態だったとしか思えないという診断であった。

マネキン

摩里さんが高校生のときのことだという。

学校帰りに友達とコンビニの駐車場で駄弁《だべ》っていたら、一台の車が入ってきた。

ごく普通の白い軽自動車だが、助手席に乗っている人の様子がなんとなくおかしい。

よく見るとマネキン人形が座らされていた。

げっあれ人形だよ！　気持ち悪い！　などと騒いでいたら、運転していた女性が車から降りた。

店に入っていくのを見届けて、摩里さんたちはそっと車に近づいて中を覗き込む。

するとたしかに、ひと時代前の紳士服売り場にあったような白人顔の男性マネキンがきちんとシートベルトをつけて座らされていた。

やばいやばい、と言いながら携帯のカメラで撮影していたら、マネキンがぱちぱちとまばたきをした。

驚いて撮影をやめると、マネキンが手足をばたつかせて暴れはじめたので摩里さんたちは悲鳴を上げてその場を逃げ出した。

落ち着いてから携帯を確認すると、写真にはマネキンはおろか軽自動車さえ写っていなかった。二人とも駐車場の隅に生えた雑草や散らばる小石を何十枚も撮っていたのである。

エレベーター

深夜、酔ってひとりエレベーターに乗る。
ドアの下部で、ふらふら何か揺れている。
——髪だった。
髪は伸び伸びて自分に向かってきた。

エレベーターはいつまでも着かない。

黒い十字架

十数年前、シカゴに出向していた時期に、現地で雇ったエリックから聞いた話だ。

彼はハイスクール在学中、中古の日本車を購入した。

が、乗り始めてから半月もすると、車に不具合が目立つようになった。

走行中、ブレーキの利きが緩くなったり、突然エンジンが掛からなくなったりする。

また、その頃から、やたらと動物を轢《ひ》くようになった。

野生のスカンクやグース、真夜中に大型の鹿を引っ掛けたこともあったという。

そのためエリックは、修理を兼ねて早めに車を整備に出すことにした。

すると、エアコンの吹き出し口から、小さなロザリオが出てきた。

コールタールに浸《つ》けたかのような、真っ黒に塗り潰された十字架だったという。

――そいつを捨ててから、車の調子は良くなったし、動物を轢くこともなくなったよ。

通販番組さながらの笑顔で、エリックはサムズアップをしてみせた。

ハチワレ

電話をしていれば「猫の声がするよ」、ウェブ会議中に「あ、猫が後ろを通った」などとしばしば言われるので、秋さんは不思議に思っていた。

彼女の住むタワーマンションは規約でペット禁止だから、猫を飼ってはいない。出入口はオートロックだし、住んでいるのは十七階なので、野良猫が迷い込むこともあり得ない。

「秋さんちの猫、かわいい猫ちゃんですね。ハチワレで緑の目が綺麗で」

ウェブ会議の後、同僚からそう言われて気づいた。

以前、実家で飼っていた猫と特徴が一致したのだ。十年以上前、十九歳で腎臓を壊して逝った老猫が、マスカットのように緑の目をしたハチワレだった。人懐こくて、たまにしか実家に帰らない自分にも何故かめいっぱい甘えてきてくれた。

あの子が、私の側にいるのだろうか。私に気づいてほしくて鳴いていたのか。

頬を温かい涙が伝い落ちた時、部屋の中で微かに猫の声が聞こえたような気がした。

見てはいない

「無理心中のあった家でな、親父はガス管口に咥《くわ》えて死んでたらしい。うん、畑挟んでるつっても隣だからよ、畑仕事のついでに、畦《あぜ》の草なんかは仕方ねえから刈ってやってた。そうだなぁ、幽霊だのは見ねえけど、気持ち悪《わり》ぃは気持ち悪かったよな、雰囲気っつーか、うん、どっか生々しい感じがあって。でもよ、俺が『うわっ』って思ったのはよ、心中騒ぎがあって三年ぐらい経った頃だったな。いつも通り畑に出たら、その家が随分雰囲気変わっててよ、昨日まではそうでなかったのに、一晩で一気に古ぼけたっつか、こう、すわーっと気が抜けたようになってたんだな。それまではどっか気持ち悪かったってさっき言ったけど、それ以来不思議と気味の悪さみたいなの感じなくなってな。うん、何がどうなったのかわからんけども、そこに凝《こご》ってたもんが、あの日を境に無くなったっつうか。ああ、だからやっぱ何かは『あった』んだろうな『なくなった』って思ったってことは。ハッキリ目には見えなかったけど、あることはあったのかも知んねぇよな。今？　あたり前だけど買い手もつかなくて、朽ちるに任せてるようだ。もうあのまま何もかも土に還るんだべな」

ぬくもりマルチーズ

旧友の自宅に招かれたリカコさん。ちゃぶ台を挟んで昔話に花を咲かせていたが、腰回りが何故かやけに温かい。勧められた座椅子が電気式なのかとコードやスイッチを探すが、そういったものは見当たらない。何しろ季節は夏である。

「どうかした?」

そう尋ねられ、リカコさんは気になっていた違和感を伝えた。腰からお尻にかけてほんのりと温もりを感じる。まるで何か「いきもの」が、寄り添っているようなあたたかみ。

「わかるの? それウチのマルちゃんなの」

マルちゃんは、旧友の愛犬のマルチーズだ。半年前に空へと旅立ったが、まだこの部屋に気配が色濃く残っていると彼女は信じていた。しかし今まで来訪者は誰ひとり、その存在に気づいてはくれなかったという。

「ありがとう。リカコのおかげで、あの子が今もそばにいてくれるって確信できた」

感謝の言葉を繰り返す旧友のお宅を去る際、部屋の中をキラキラとした光の塊が小さく跳ねていたのを、リカコさんは目撃している。

正直な気持ち

幼い頃、石野さんには女の子の友達がいた。上手く喋れないらしく、会話を交わしたことはない。常に一緒にいるせいか、言葉が無くても意思の疎通はできる。

石野さんがお父さん役のママゴトが大のお気に入りだった。小学生になり、学校の友達と遊ぶことが多くなってから、段々と会わなくなっていった。

中学校の入学式に向かう途中、遠くで手を振っているのが見えた。

近づこうとした石野さんは、思わず足を止めた。

あり得ない。あの当時と同じ姿だ。全く成長していない。

それともう一つ。鼻から下が深くえぐれている。上手く喋れないのも当然の姿だ。何故、今の今まで気づかなかったのだろう。

石野さんの視線に気づいたのか、女の子は顔を隠してしゃがみ込んだ。

そしてそのまま、透けていった。消えるまで数秒だったという。

石野さんは、今でも時々その子のことを思い出す。

鮮明に思い浮かぶため、気持ちが悪くて仕方ないそうだ。

乗り合い送迎

夜八時ごろ、車で帰宅していたコウジさんが信号待ちをしていると、前に停まっていた白い軽自動車がハザードランプをつけ、歩道に幅寄せした。道路に面している学習塾から、子供たちがぞろぞろと出てきていたので、迎えの車であろう。

小学四、五年生ぐらいの子供が、後部座席のドアを開けて乗り込んでいく。ひとり乗っただけでは終わらず、もうひとりが後に続いた。親に頼まれて迎えに来たのかな、とコウジさんは思った。

見るともなく見ていると、ふたり乗ってもまだ終わりではなかった。三人目、四人目が後に続いてゆく。おいおい大丈夫なのか定員オーバーだろ、とコウジさんは思った。ほぼ五人、六人とまだ続き、九人目の子供が乗ったところでようやくドアが閉まった。ほぼ同時に信号が青になったので、コウジさんは車を発進させた。まだハザードランプをつけている軽自動車を追い越しながら、九人もの子供がどうやって乗っているのか気になって、ちらりと後部座席の窓をのぞいてみた。

後部座席には誰も乗っていなかった。

運転席にも人の姿はなく、助手席に大きな鮫のぬいぐるみが置いてあるだけだった。

白い軽自動車を追い越し、交差点を過ぎてからバックミラーを見ると、停まっていたはずの車は、どこにも姿が見えなかった。

次の日の同じ時間にそこを通ると、学習塾の明かりは消えていて、人の気配はまったくなくなっていた。

それから一週間後に、コウジさんがまたそこを通ると、学習塾のあったところは更地になっていたそうだ。

札の意味

　某企画のキックオフミーティングに参加した時、ある制作会社の人からこんな話を聞いた。前に勤めていた会社の仮眠室には、誰が持ちこんだものか神社の札がいつも置かれていた。木の札を紙で包んだもので、これがびしょびしょに濡れた状態で床に落ちていることが一度や二度ではない。そのたびに新しい札に交換されているのだが、誰がそんなことをしているのかもわからないし、なんとなくこの件は口にしてはいけない空気が社内にあった。泊まりの仕事となった、ある日。交代で午前三時過ぎに仮眠室に入った。この日は例の札が部屋に置かれていなかった。数日前、濡れて落ちていた札は回収されており、新しいものはまだ置かれていなかったからだ。タイミングの悪い時に泊まりになったなとは思ったが、この部屋に何かが出るという話も聞かない。ただの験担ぎで置いているだけかもしれないと、あまり気にせずに寝たという。

　寝ついてから五分も経たず、揺すり起こされた。なんだよと目を開けたら、ひょこっと、寄り目の女が覗き込んできた。まったく知らない女だった。

　この話を聞かせてくれた人によると、その会社はもう潰れているという。

試肝会

Ｚは大学時代、空手部の合宿で寺に泊まった。

深夜、おさだまりの幽霊話に興じていると先輩のなかでも剛気を自慢する男が『俺は幽霊や祟りは信じない』と墓園の中央にある女郎ら無縁仏の合葬墓に小便をしてくると云いだした。みなは形ばかり止めたが、内心はどうなるのかとワクワクしていた。

男はひとりで飛び出して行き、やがて戻ってきた。

「ざまあみやがれ！」

暗い室内に意気揚々と帰った男の影が浮かんだ。

その時、物音に気づいた住職が「なにを騒いでおる！」と室内の明かりを点けた。

全員がハッとした。

小便をかけたと豪語した男の唇には真っ赤な紅が塗られていた。

ほとけはいり

都内在住のK美さんは、およそ月に一度タクシーで出社するのだという。

ずいぶんリッチなんですね——思わず呟く私を見て、彼女は「いや、別に普通の勤め人ですってば」と笑った。

「だから、当然いつもは電車通勤、[redacted]線に乗っていますよ。けど、ときどき〈奇妙なアナウンス〉が聞こえるので、そのときは迷わずタクシー乗り場へ直行します」

すると改札を抜けてまもなく、乗るはずだったホームで人身事故が起きるのだという。

「私以外には聞こえてないみたいですけど、四年あまりの通勤で〈奇妙なアナウンス〉が外れたことは一度もありません。だから〈現場〉に遭遇した経験はゼロ。自分、グロいの駄目なんで助かりますよ」


ひととおり取材を終えて、私は「どのように奇妙なアナウンスなのか」を聞きそびれていることに気がついた。慌てて詳細を訊ねるなり彼女は駅員を真似て、

「おぶつだん、おぶつだんにはいります」

のっとりした口調で、そのような科白を唱えてくれた。

「コロナ禍が落ちついてきた所為《せい》か、去年の秋口から増えてきたような気がします。誰が〈おぶつだん〉に入ろうとしているのかわかれば、止めようもあるんですけどね」

呪術

最近、縊死《いし》者のポケットに『てるてる坊主　てる坊主　あした金持ちにしておくれ　それでも貧乏で泣いてたら　そなたの首をチョンと切るぞ』と書いた紙が入れられている事例が秘かに増えている。

飛行機

最近体調が最悪だ、誰かに呪いをかけられてる気がすると酒の席で上司が言う。もういい年なんだから体調悪いのなんて普通じゃないですか、と良樹さんが笑うと、年のせいでこんなもん出ると思うか？　と言ってシャツの裾をめくって脇腹を見せた。

そこにはへたくそな子供の絵みたいな飛行機が黒一色で描かれていたという。

お孫さんの落書きですか？　と訊くと上司は首を横に振り、出張先のホテルで朝起きたらいきなり絵があったんだと言った。いくら洗っても消えないので困って病院に行ったところ、刺青なんだからそりゃ洗っても落ちないですよと呆れられたそうだ。

「そんな馬鹿なことあるか？　ビジネスホテルで一晩寝てる間に刺青入ってるとかありえないだろ？」

だからこれは呪いのしるしなんだよと険しい顔でつぶやいていた上司はその後、海外旅行から帰ってくる飛行機の中で心臓発作を起こして急逝したそうだ。

「だから呪いってほんとにあると思うんですよね」そう良樹さんは語っていた。

洗面鏡

陽子さんが初めて鏡の中に〈それ〉を見たのは、結婚して新居に移ったときのこと。

歯磨きを終え、洗面台を離れようとした、その瞬間。

ぬるりと脂《あぶら》ぎった黄土《おうど》色の肌が、洗面鏡の端に映り込んだのである。

最初は気のせいかと思ったが、やがてそれは鏡の中に頻繁に現れるようになった。

そいつは――まったく見ず知らずの、頭の禿げた中年男性だった。

（この家、お化け屋敷じゃないかしら……？）

怖くなった陽子さんは、旦那に懇願して別のアパートに引っ越すことにした。

が、次の住居も、そのまた次の住居にも禿げ頭は現れた。

やがて陽子さんは（あのハゲ、旦那にとり憑いているんだ）と、確信するに至った。

結婚をするまで、彼女は幽霊など見たことがなかったからである。

「お前、いい加減にしろっ！　何度も引っ越しさせて……頭がおかしいんじゃないか？」

（お祓いをして）と詰め寄る彼女に、キレた旦那が言い放った台詞《せりふ》である。

その後、彼女は旦那と離婚したが、頭の禿げた中年男性はは未だ鏡に映り続けている。

染み

洗濯を終え吊るしておいた黒のジョガーパンツに、白い汚れのようなものが浮かび上がっている。何の染みかと目を凝らすと――

白い染みは、無数の小さな手の跡だった。

屋内のジムでしか着たことがないのに。

花粉が付くのがイヤで、部屋干しをしているのに。

独身、ひとり暮らしの部屋なのに。

脳内に浮かぶ事項のすべてが、目の前の事実を否定する。

特に薄気味悪かったのは、パンツの右ふくらはぎ部分のみに、手形が付けられていたことだった。

「大怪我を予言されているような気がして、通っていたジムも辞めてしまいまして」

おかげで血糖値が上がっちゃいましたよと、浮かない顔でA氏は語った。

田中さんはお休みです

アキヒコさんが学生の頃、友人たちと古い遊園地のお化け屋敷に入ろうとしたら、入り口に「今日は田中さんはお休みです」と張り紙がしてあった。

なんのことかわからなかったが、とりあえず中に入ってみた。

昔ながらの和風お化け屋敷で、あまり驚くような仕掛けもなく、ノスタルジックな味わいはあったがそれだけだった。

家に帰ると、留守番電話が入っていた。

若い女の事務的な声で「お世話になっております、田中でございます。本日はお会いできなくて残念です。またどうぞよろしくお願いいたします」と吹き込まれていた。

一緒に行った仲間たちに聞いてみたが、そんな留守電が入っていたのは自分だけだった。

十年以上前の話であり、いまはその遊園地自体が廃園となっているそうだ。

鼾

太田さんが高校生の頃。
自室で寛《くつろ》いでいると、「ごー、ごー」と、唸《うな》るような大きな声が聞こえてきた。
声の出どころを探ると、部屋の隅に置いたごみ箱が鳴っているようだ。
が、どうにも耳障りな濁声《だみごえ》である。
思わず「うるせーっ！」と怒鳴《どな》って、ごみ箱を思い切り蹴飛ばしてやった。

その晩、遅くに病院から電話が掛かってきた。
電話を取った母に聞くと、脳梗塞で入院していた祖父が亡くなったのだという。
——ああ、あの声って、じいちゃんの鼾《いびき》だったのか。
なぜ、ごみ箱から祖父の鼾が聞こえてきたのか、その理由はわからない。
が、考えもせず蹴飛ばしてしまったことだけは、いまでも後悔の種となっている。

もういないといいな

ある祭事を取材しに行った時のことだ。

メインの祭事の前に行われる人寄せの出し物で、獅子舞や南京玉すだれが披露された。観覧用に設置された長椅子の前から三列目に座って一眼レフを手にスタンバイしていた私の位置から、最前列の端に座る女の子が見えた。未就学児と思われる。隣に座る祖父らしき高齢男性に、しきりに大声で話しかけているのが聞くとはなしに耳に入ってくる。「猫のおばけ」、そんな言葉が聞こえてきた。職業病だろう、間もなく出し物が始まるというのに、そちらのほうが気になってしまう。これくらいの年頃の子の語る「おばけ」というものに関心があった。前に席を詰めてでも聞きたかったが、もう満席で無理である。それでも途切れ途切れではあるが内容はわかるので、女の子の大声がありがたい。

高齢男性は周囲を気にして、何度も口に人さし指を立てているが。

どうも、高齢男性の家か女の子の住む家にその「猫のおばけ」がいるらしく、それがとても彼女は嫌であるらしい。

よく聞き取れないが、「だからー」「っていってるでしょ」と大人ぶった口調がいかにも抗議めいており、あたかも高齢男性に責任があるかのように聞こえる。やがて女の子は泣き出すが、その後も〝抗議〟は続く。聞いているうちに「おばけ」ではなく「おばあちゃん」と聞こえ、後半は完全に「猫のおばあちゃん」と聞こえた。

高齢男性はずいぶん困った様子で、一度だけ「もうあれがいないといいな」と言うのが聞こえてきた。出し物開始のマイクテストが始まると女の子はスンと静かになった。

行列

終戦直後の古い話である。Sさんの村で中学生になる子どもが行方不明になった。その家では学徒出陣で既に長男を失っていたので両親は気も狂わんばかりに嘆き悲しんだ。必死の捜索が行われ山狩りもされたが子どもの生死はわからない。

Sさんは居なくなった次男坊にはよく可愛がってもらった。虫取りが好きな少年で蝶を捜しにふたりで深山に入ったこともあった。

ある時、蒸かした芋を持って行けと云われて運ぶと奥から奇妙な声がした。行くと母親が仏壇の前で腰を抜かしている。見ると仏壇の中も外も蟻《あり》がびっしりと集っている。終戦直後のこととて特別甘い物が供えられているわけではなく、ましてや寸刻前までは一匹も見当たらなかった。気持ちが悪いとさっそく掃き出していたが、Sさんは思うところがあって、行列の源を辿った。

蟻の行列は森の奥へと入っていった。

そして、子どもひとりが潜り込めるぐらいの大きさの穴の中に消えていった。Sさんの報せで地元の消防団がなかを調べた。

そこは外見からは想像も出来ないような深い縦穴から始まる洞窟だった。

次男はその底で果てているのが発見された。

「洞窟と仏壇とは一キロも離れていたのにですねえ」

Sさんは昨日のことであるかのように首を捻った。

大丈夫

雅彦さんの部屋は一階で道路に面していて、目隠しになるようなものが何もない。だから普段は昼でもカーテンを閉めているが、時々カーテンが外からそっとめくられることがある。

驚いてたしかめると窓は閉じていて、しっかり施錠もされている。だがそういうとき、道路にはきまって三十年くらい前のシルバーのゴルフが停まっているそうだ。

はっきりとは見えないが、運転席にいるのはおそらく年配の白髪の女性だ。

急いで道路に出てみても車はすでにいなくなっている。

一度だけ助手席にも人が乗っていたことがあった。三十歳くらいの金髪の男で、上目遣いにあきらかに雅彦さんの部屋を覗き込んでいたという。

目が合うとサムズアップしながら何か言った。

「まだ大丈夫」または「あんたなら大丈夫」と言われたような気がする。

何が大丈夫なのか雅彦さんにはわからない。

ただ、その部屋に住んでから雅彦さんは四人の兄を全員心筋梗塞で亡くしている。

永住

不本意な再就職を機に、男性は[redacted]区の狭いアパートへ転居した。見ていろよ、またマンション住まいに戻ってやるからな——そんな決意を胸に抱きつつ布団に潜ったものの、明日からの日々がどうにも不安で、なかなか寝つけない。溜め息を吐いて、何度めかの寝がえりを打つ。

「う」

目の前数センチの距離に、老人が添い寝をしていた。

丸めた紙を開いたように皺くちゃの老人だった。

「ずっとずっとずっとここ」

早口でひといきに言うなり、老人は、ぶわん、と夜の底に消えた。

それから十二年が経つ。男性はいまもおなじ部屋に暮らしている。

最近になって、あの老人の顔が自分によく似ていることに気づく。

犬寿司

景祐さんが二十代の頃、北陸を一人旅してふらっと入った場末の寿司屋でのこと。日本酒を飲みながら寿司をつまんでいたところ、ふと気づくとカウンターの向こうで寿司を握っているのがさっきまでの小柄な親父ではなく、二本足で立つジャーマン・シェパードだったという。

寿司屋の大将が犬に見えるなんて相当酔ってるなと思い、両目をごしごしこすってもう一度見たそうだ。だがやはりそこには白いシャツに白い帽子をかぶったジャーマン・シェパードが、舌を出してハアハアと息をしながら立っている。試しにヒラメを頼んでみると、犬は前脚で器用に握って付け台にのせた。食べてみたらちゃんとしたヒラメの握りだ。

景祐さんはなんだかうれしくなって次々と注文し、犬の握ったハマチやビントロや鉄火巻きを口に運んだ。そのうち本格的に酔いが回ってきて、会計をしてふらふらの足取りでホテルに帰ったことを覚えている。

その後誰に話しても、この体験は夢か法螺話としてまともに聞いてもらえなかった。中に一人だけ信じてくれた知人がいて、その人自身かつて中国の路地裏で犬と犬が将棋を指しているところを見たそうだが「さすがに信じられないよな」と景祐さんは言っていた。

ぬたうつ

会社帰り、自宅への帰路に就いていたときのこと。

渡りかけた横断歩道の途中に、長細いものが落ちているのを見掛けた。

どうやらそれは、建設現場で使われる鉄の棒材らしい。

(危ないな。こんなのタイヤで踏んだら、事故になるぞ)

路肩に退けてしまおうと思い、そいつを爪先で蹴ってやった。

すると――突然、その鉄の棒が暴れだした。

まるで千切れた蜥蜴《とかげ》の尻尾がのたうち回るように、路面に〈びたんびたん〉と音を立てて七転八倒するのである。

が、やがて動きを止めると、まっすぐに固まった。

近づいて数回蹴り転がしてみたが、鉄の棒が再び暴れ出すことはなかった。

予知地蔵

桜さんは、並ぶ地蔵で有名な心霊スポットにカップルで行ったことがある。いざ対面した地蔵は、一つ残らず溶けたように顔の造作がわからなくなっていた。

「いたずらかな、コレ。どうしたんだろう」「ちょっと気持ち悪いね」

二人はそんな会話を交わしてから帰路についた。

心霊スポットへ行った翌週、桜さんの彼氏はバイト先で高熱の廃棄油を顔に浴びてしまった。連絡を受けた彼女が見舞うと、彼氏は頭部に包帯を巻かれて入院していた。

何度か植皮手術を受けたものの、彼氏の顔は元通りにはならなかった。すっかり煮崩れた彼氏の顔は、あの夜に見た心霊スポットの地蔵を思い起こさせた。

その後、桜さんは気持ちの荒《すさ》んだ彼氏と距離を置き、二人の交際は自然消滅した。

心霊スポットへ行ってから一年が過ぎた日に、桜さんはふと思い立って、あの時の地蔵をスマホから画像検索してみた。

最近そこへ行ってきたという誰かのＳＮＳの写真では、地蔵の群れが一様に、苔むした顔に穏やかな微笑みを浮かべていた。

なかった日

ユウジさんが中学生のころの話である。

朝食を摂り、身支度を済ませ、登校して校庭から大時計を見ると七時五十分だった。

時計を見ながらまばたきをしたら突然真っ暗になり、周りにいた生徒たちも消えた。

時計を見ると針は同じ時間を指していたが、どう見ても夜の七時五十分である。

わけがわからないままユウジさんが家に帰ると、自宅のリビングでは、両親が見知らぬ老夫婦と何やら深刻そうな話をしていた。何度「ただいま」と声をかけても、まったく反応がない。

仕方がないので自分の部屋に戻った。夕食の時間だが腹は減っていなかったし、なんだか無性に眠くなったのでパジャマに着替えてそのまま眠った。

次の日、目が覚めると「昨日」の朝だった。

新聞もテレビも昨日と同じで、両親も昨日と同じ会話をしている。

ユウジさんは、両親には何も言わずに再び学校へ行き、今度は時計を見ながらまばたきしないように気をつけて一日を過ごした。

ハロウィン・ナイト

ハロウィンといえばジャック・オー・ランタン。米・オハイオ州在住のニコラスさんのご実家では、ハロウィンの日には、目鼻と口を彫ったオレンジ色のカボチャの中にロウソクを灯したジャック・オー・ランタンを、毎年玄関に飾っていた。

加工を施したカボチャは、意外なほど早く腐る。カビも生えるし、乾燥して干からびて見るも無残な姿になる。なのでカボチャを彫るのは、ハロウィンの前日若しくは二日前を目安にと、ニコラス家では決められていた。

その年は町内のトリック・オア・トリートが行われる前日に、ニコラスさんのお母さんがカボチャを彫った。三角形で目鼻をくり抜いたトラディショナルなデザインだ。昼過ぎには完成し、玄関に飾り買い物に出た。そして夕方戻ってくると——

カボチャは黒ずみ腐り果てていた。僅か数時間の間に。すり替えられたわけではない。母親は自分の名前をカボチャの背面に彫っておいたからだ。

崩れかけたジャック・オー・ランタンは、三ヶ月前、病魔に侵され苦しみ亡くなった、叔父の末期によく似ていたという。

従兄弟の訪問

アメリカに居住し子育てをするナオコさん。お子さんの級友のジェイコブ君宅に招かれ、ご主人ご自慢のライフル・コレクションを見せてもらう機会があった。

壁に設えられたガラスケースの中に整列する、黒光りするライフル。ケースの扉は南京錠で施錠されていたが、初めて見る本物の銃にナオコさんは緊張が隠せず、「十二歳になったら僕もパパとハンティングに行くんだ」と、嬉しそうに話すジェイコブ君の姿にも、文化の違いを深く感じざるを得なかった。

その後も何度か、自宅に遊びに行かせてもらっていたある日、ガラスケースの異様な光景に目を見張った。金属製の格子で囲まれ、幾重にも太いチェーンが巻かれた上、これでもかという数の鍵で固められている。泥棒でも入ったのかと尋ねれば、ジェイコブのママは顔色を変えずにこう言った。

「朝起きたらね、ガラス戸に泥だらけの手痕がたくさんついていたの。左手の小指と薬指がなくて。ドラッグで死んだ従兄弟の手に間違いないの。だから頑丈に鍵を掛けたのよ」

情報量の多さに、ナオコさんは深く追求することを早々に諦めたという。

幽霊画

武史さんがひさしぶりに郷里の町へ帰ったら、実家の跡地がコンビニになっていた。

このあたりが風呂場だな、このあたりがおれの部屋で、ここに机と本棚があって……などと今はなき家の間取りを思い出しながら店内を歩いていくと、客間の床の間があったはずの位置が弁当コーナーになっている。

思わず覗き込むと、重なって並ぶ弁当の容器の隙間から青白く頬の浮き出た女の顔が見えた。

二度見すると、女の顔はたしかにそこにある。それはかつて物好きな父親が、どこからか手に入れて床の間に飾っていた幽霊画の女に間違いなかったという。

目をこすってもう一度見直したら女は消えていた。

「実家があった頃はべつにおかしな現象とか何も起きてないんですよね、ただ気味が悪い絵だなと思ってただけで。どうして今になってあんなふうに現れたんでしょうか……」

実物の幽霊画が現在どこにあるのかは、両親とも死んでしまってわからないのですと武史さんは語った。

ビューティフル・ネーム

十五年ほど前の冬、シゲオさんが風邪をひいて病院へ行ったときの話である。

近所の小さな個人病院で、待合室は三人がけのソファーベンチが四つあるだけだった。

その十二人分の席に、老若男女さまざまな人が座っている。

幼稚園児ぐらいの男の子と、なぜか和服姿の三十代ぐらいの母親がいた。冬だというのに夏物のセーラー服を着た女子高校生もいて、通学鞄から分厚い少女漫画雑誌を取り出して読んでいた。痩《や》せた身体にグレーの背広を着たビジネスマンの二人組もいて、何やら資料を見ながら小声で話し込んでいる。背格好も、短く刈り込んだ髪型も、黒縁の分厚い眼鏡をかけているところも同じで、どちらがどちらかわからないほど似ていた。

作業帽にジャンパー姿の農家風おじいさんや、整形外科でもないのに松葉杖をついたおばあさんもいて、雑然としているが全体的にどこか違和感を覚えたという。

空席はいくつかあったが、シゲオさんはなんとなく座りづらく、そのうち誰かが診察室へ呼ばれるだろうと思って、立ったまま少し待った。

五分ほど経ったとき、診察室から「アレクシス・ヨルゲンセンさん」と、明らかに外国人の名前が呼ばれた。

シゲオさん以外の全員が黙って立ち上がり、診察室のほうへぞろぞろと歩いていった。

あっけに取られたシゲオさんが、しばし立ち尽くしているとすぐに名前を呼ばれた。

診察室へ行くと、さっきまでいた人々の姿はどこにもなく、それから診察を終えて薬の処方箋をもらい、隣接する薬局で薬をもらって帰るまで、自分以外の患者はひとりも見かけることがなかった。

シゲオさんがその病院へ行くことは二度となく、三年後に潰れたそうだ。

鼠害

住んでいたマンションの契約更新を機に、勤め先の企業の寮に転居を決めた。

引っ越しを終えた数日後、明け方に目が覚めてしまったマリさんは、ごしょりという音に気づく。台所のほうからである。

なんの音かは気になるが、眠気が強く絡みつく。調べに行くのも億劫だが無視するには煩わしい。何が音を発しているのか布団の中で考えた。

ハンドルをまわすタイプの鉛筆削りの音に似ている。小中学校以来、聞いていない音だ。考えているあいだに音は止んだが、眠れなくなったので台所へ行って明かりをつけた。フローリングに少量の血のようなものが飛び散っている。その周囲に黒く短い毛がへばりついており、ネズミでも叩き潰したような痕跡であった。

マリさんが入居する前、この部屋はしばらく空き室だったようで、そのあいだにネズミが棲みついたのかもしれない。なら先ほどの音は何かを齧《かじ》る音だろうか。フローリングにこびりつく血と毛を見ながら、高所から落ちて打ちどころでも悪かったか、それでも死にきれず半死状態で立ち去ったのかと想像すると気味が悪い。死にかけのネズミがひょっこり寝床にでも現れたらたまらない。二度寝は諦め、ネズミの逃げ込みそうなところがないかと殺虫剤片手に部屋中を探してみたが、まったく見当がつかずお手上げである。とりあえずシンクの排水口やトイレに熱湯と食器用洗剤を流し込んでおいた。

数日後、またもや台所のほうから、ごしょり、ごしょりと音がする。

まだ起きていたので殺虫剤を掴んですぐ台所へと向かったが、ネズミの姿はなく、出所を見つける前に音もピタリと止んでしまう。ぶつぶつと文句を呟きながら寝床に戻ったマリさん。その夜は、とても寝ることなどできなかった。めくれ上がった掛け布団に血の跡があり、たった今つけられたようにぬらぬらと濡れていたからだ。死にかけのネズミが家の中をうろうろしているのかと思うと気が気でなかった。

このことを会社の先輩に話すと、その部屋に住んでいた他の人も同じようなことを言っていたといい、総務に苦情を言って部屋を変えてもらったほうがいいよと助言を受けた。

部屋換えの申し出はあっさり通り、違う階の部屋に引っ越すことができた。

その部屋には後に他部署の社員が住んだが、その社員は急に言動がおかしくなって上司を殴って警察沙汰となってしまい、その理由がどうもあの部屋にあるらしいのだが、詳しい事情を知るのは上の人間だけであるという。

むこうがわ

Hさんは小さい頃、町内に祀られていた祠《ほこら》にいたずらをしたことがある。

「白いとっくりに、お酒が入っていたんで舐めたんです」

苦いような熱いような味がした。一緒についてきた妹に〈じょうご〉を掌《てのひら》で作らせると、そこに中身を注いでみた。

——良い匂いがした。妹も珍しそうに、陽を受けて掌の中で光る液体を眺めていた。

え？　と思った。

「水のなかに動くものがあったんです」

酒の溜まった向こうが透けていた。レンズのように妹の掌がそこだけぽっかりと抜けていて、下から動いているのは〈目〉だった。

何かが向こうから妹の掌を介して、こちら側を覗いていた。

「あっ」姉の気配に自らの手を見た妹がびっくりして手を離した——途端に酒は地面に落ち、妹のサンダル履きの足に散った。妹の強張《こわば》った顔を見て、彼女も見たのだとHさんは確信した。

その夜、妹は俄《にわか》に高熱を発し、容態が悪くなった。何らかのアレルギー反応で肺が保たないかも知れないと、往診に来た医者は慌ただしく総合病院に運ぶ旨を母に告げた。

そんな中、祖母が廊下でHさんを呼び止めた。

彼女は堪らず、盗み酒をしたことを白状した。

途端に顔色を変えた祖母は、彼女を連れ祠へ赴き、懸命に詫びた。

このままでは妹が死んでしまう。そう思い目を閉じて必死に心の中で謝り続けていると、頬にぺたりと何かが当たった。見ると一緒に祈っていたはずの祖母がHさんの頬を舐めていた。

「びっくりしたんですけれど……動けませんでした。これは罰だと思ったんです」

祖母の目は、あの目だった――あの妹の手の中で覗いていた目。

同じ目をした祖母が自分を舐めていた。彼女は黙って舐められつつ謝り続けた。

「もういいかの」ふと祖母の声がした。見るといつもの祖母に戻っていた。

妹は一週間後、無事に帰ってきた。

大人になるまでふたりとも、祠の前は通れずにいた。

ら行

まだ携帯電話が一般に普及されていない二十年以上前のこと。急いでいた彩美さんは家を出てすぐの横断歩道を渡りきったところで、横からきた自転車にはねられた。転倒した彩美さんは強《したた》かに頭を打ち、ずきずきと傷む後頭部をおさえながら起き上がると、ぶつかってきた自転車はすでにいなくなっており、自分がなぜ急いでいたかを思い出せない。頭を打った衝撃で記憶がとんだらしい。

路肩にしゃがみこんで、しばらくぼんやりとしていると急いでいた理由を思い出した。

「いまから死ぬの、あとはよろしくね」

友人のKからそんな電話があったのだ。実際は呂律がまわっておらず、喋っている言葉は、ほぼ「ら行」。かろうじて理解できる程度にとろけていた。酒ではなく睡眠薬かもしれない。慌てて家を飛び出し、Kのマンションへと向かう矢先の事故であった。

市営地下鉄の最寄り駅で降りると公衆電話からKに安否確認をする。ところが、どういうわけか当の本人は「なんのこと?」という様子で喋り方も通常時に戻っている。

あんなにべろべろだったのに、こんなにすぐ酒や薬が抜けるはずはない。しかし、声を聞く限り、酔いや薬効の残滓《ざんし》はない。いたって健全な精神状態のようである。そもそもKは思い詰めて自殺するような性格ではなく、つねにポジティブで何事にも前向きだった。あっけらかんと「別人と勘違いしているんじゃない?」と笑われてしまい、彩美さんは狼狽《ろうばい》した。確かに名前も聞かずに声だけでKだと判断して飛び出したのは早計だったが――。なら、電話をしてきたのは誰だったのかという話になる。自分の電話帳にある名前に片っ端からかけて確認してみたが、電話をかけてきた人物は特定できず。この件はうやむやのまま終わってしまった、かに思えた。

そんなこともすっかり忘れていた数年後、Kは今度こそ自殺してしまう。

彩美さんが結婚してからは疎遠になっていたので、知人伝てに訃報が届いたのは亡くなった半年後であった。久しぶりに連絡をとりあった共通の友人たちの話では、Kは近年、精神をひどく病んでしまい、オーバードーズの常習者で何度も救急車で運ばれていたらしい。

亡くなる一週間ぐらい前から、共通の友人たちに何年かぶりにKから連絡があったそうだが、夜中や早朝に何度も電話をかけてきては呂律のまわらない口調で喋られるので困っていたという。あの電話はやはりKだったのではないか。今はそう思うのだそうだ。

みんなで見た夢

「不思議を通り越してわけわかんない話なんですけど、私が高校生の頃、うちの庭に夜中、餅《もち》が降ってきたことがあります。ズシンって響くような音がしたんで、私も両親もそれで目が覚めて、すぐに父が『物置の屋根じゃないか』と言って脚立《きゃたつ》出して確認したんですね。そしたら屋根の上に一抱えもある餅が載ってたっていう。まだ柔らかい状態で、父が千切《ちぎ》ってきたそれを私も見たので、はい、餅でしたね、ちゃんと粉のはたいてあるやつ。一時過ぎぐらいで、みんな眠かったし、あまりに突拍子も無さすぎて『取りあえず明日考えよう』って一旦保留にして寝たんですけど、朝起きたら無くなっていました、父が千切った分も含めて。一応家族三人全員が憶えてるんで、夢とかじゃないと思うんですけど、説明のつけようもないので『みんなで夢を見たってことにしておこう』と、そういうことになってます」

通勤

A美さんは昔から通勤通学が大の苦手だった。

「だから最近はテレワークが増えてきたのはとても助かっているんです」

彼女は閉所恐怖症の気味もあって、外出ではいつもイヤフォンで気に入った音楽をかけて気を紛らわせるようにしていた。

ある時、『おはようございます』と声がした。

既に退勤時間なので『おはよう』ではない。見ると道路の反対側、彼女が使う通勤路に背広姿で同年代の男がいて、手を振っている。

知らない男だった。

誰だろうと近づくうちに男の姿は消えていた。

代わりに死亡事故の情報提供を求める立て看と献花があった。

『おれはここでしんだんだ』

——同じ声がした。

イヤフォンなのにまるで直接、話し掛けられたようにハッキリ聞こえた。

風船

鈴美さんが大学の卒業旅行で台湾に行ったとき、町なかのとある集合住宅の前を歩いていたら頭上で何か破裂するような音がした。

見上げると四、五階あたりに白い風船ばかりが鈴なりになった窓がある。大方あれが割れたのだろう、そう思って先を行こうとすると、交差点で信号待ちをしている一台の自転車の前カゴに白い風船が入っていることに気づく。

また風船だ、と思った瞬間にパン！　と音を立ててその風船が割れてしまった。

体をびくっとさせた鈴美さんに、同行している友人が「どうしたの？」と訊ねる。どうやら彼女には今の破裂音が聞こえなかったらしく、それどころか、自分もずっと自転車を見ていたけどカゴに風船なんて入ってなかったよと言い張る。

「猫でしょ。白い猫が体丸めて収まってたじゃん。ただ、口のまわりが赤く汚れて血を吐いた跡みたいだったし、目は白目むいて蠅《はえ》がたかってたからたぶんあの猫死んでたね」

そこまで淀みなく話してからはっとしたように口元を押さえ「わたし今何言ってるんだろう……」とぶるぶる震えはじめた。

まったく無意識のうちに口に出た言葉だったようだ。

無呼吸プレイボーイ

暢子さんが光雅さんと結婚したのは、彼のルックスが好みだったからだという。

「常に複数の女と付き合ってた人だから、人間性に期待できないのはわかってた。向こうも私みたいな地味な女と結婚したのは、実家に資産があるからってだけ」

お互い相手に求める条件が明確だったせいか、結婚生活はうわべだけ見れば順調そのものだった。しかし、暢子さんは徐々に不眠に悩まされるようになる。

「夫のいびきがうるさくて眠れないの。痩せ型だし、睡眠時無呼吸でもなさそうなのに」

夫の機嫌を損ねたくないがゆえに、いびきのことを彼に言い出せなかった暢子さんだが、ある夜、寝室で決定的な場面を見てしまう。

激しくいびきをかく光雅さんの呼吸が、急に止まる。無呼吸の間、夫の首が女性のものと思われる手でぐいぐいと絞めあげられるのを、暢子さんは目撃した。

「ベッドのマットレスから、にょっきりと両手が伸びて、眠ってる彼の首を絞めてた」

二分ほどの無呼吸を経て、女の手がベッドマットに吸い込まれて消えると、彼は再び激しくいびきをかき始める。毎晩、その繰り返しだったのだという。

「手つきが毎回違ってて、指の形や細さ長さ、指輪やタトゥーとか見ると、入れ替わり立ち替わり、色んな女が彼のところに来てるみたいなんですよね……」

もてることを公言してきた光雅さんのこと、これまで交際する女性が途切れたことはなく、結婚後の現在も複数の女性と交際を続けているそうだ。

「性病にさえ気をつけてくれれば別にいいって言ってあるので、浮気は妻公認です」

このまま、夜間の睡眠時無呼吸が続くとすれば、光雅さんの体への悪影響が大きい。最悪、致死性不整脈による突然死の可能性もあると話したが、暢子さんは動じない。

「私、さっき言いましたよね？　彼の人間性には何も期待してないって。あの顔、あのルックスの遺伝子が手に入りさえすればね、彼がこの先どうなろうと知ったことじゃないの。ご存知でしょ？　私、実家が太いからね」

臨月の暢子さんははち切れそうに膨《ふく》らんだ腹部を愛おしそうに撫でた。

結婚目的を達成した彼女は、もう光雅さんが苦しむ姿を見なくても済むように、安定期を過ぎてからは彼と寝室を別にしている。

肉音

二週間程前、青木さんの新居で妙なことが起こり始めた。

午後八時頃になると、家のあちこちから耳慣れない音が聞こえてくる。

木が軋《きし》む音とかではない。無理に表現すると、ブチャッ、グチャッとなる。なんと言うか、湿った音だ。

知人の伝手を頼り、音響に詳しい人に聴いてもらった。

大き目のハンバーグを作って、壁に叩きつけたら似たような音ができるそうだ。

それともう一つ、青木さんは気づかなかったが、肉の音に混じって小さく悲鳴が聞こえているという。

シャワー室の悲鳴

以前、高橋さんが勤めていた通信事業関連の会社の話である。

その会社の社屋には地下室があり、シャワー室が設けられていた。

通信機器の修理作業員が主に使っていたそうだが、そこには嫌な噂があった。

シャワーを浴びていると、女性の悲鳴が聞こえてくると言うのだ。

ただ、その会社は都心にあり、地下鉄の路線から離れていない。

「地下鉄の走行音がコンクリートに伝わるから、あんな風に聞こえるんだよ」

遠くから徐々に大きくなる悲鳴を、社内の人たちはそう理由付けていた。


――が、高橋さんはその悲鳴の主を見たことがある。

狭いシャワー室の壁を、右から左に女が駆け抜けて行ったのである。

一瞬、視界に映った女の表情は、強張って何かに怯えているように見えた。

「あの女……一体、何から逃げているんでしょうね?」

気味悪そうに顔を顰《しか》めて、高橋さんは言った。

井戸

Oさんの田舎には鳴く井戸がある。

滅多に起こることではないが、彼女は小学六年生の時にそれを聴いた。

「風の音に似た。糸を引くような人の声に似ているのね」

井戸が鳴き始めたのは存外、古いことではない。彼女の祖母が若かった頃だ。

祖母の兄に嫁が来た。優しい人だったが、どういう訳か盗み癖がついていて母屋のものがしばしば紛失する。

やがて嫁は暇を出され実家に戻された。

後添いは姑が選んで連れてきた遠戚の女だった。

後添いは子を孕《はら》んだが、みな流れた。

『井戸が泣いている』

後添いはそう云いながら、いつのまにか発狂し、実家にやはり戻った。兄は以後、妻帯はしなかった。

曾祖母は病の床に就くと家人の目を盗んで井戸へと這っていき、積んだ石に爪痕をさんざに散らかし残して、絶えた。

祖母の兄が不審に思い、井戸をさらうと――。

なかから前妻が盗んだと云われた品々が投げ込まれていたのが出てきた。

すべては後添いと息子とを結ばせたいという曾祖母の計略だった。

関係者は死に絶えたが、井戸は時折、思い出したかのように今でも鳴く。

いのちのな

J氏の父親が四十年前に体験した、新婚まもないころの出来事だという。

その夜——彼の父は自宅のソファにじっと座り、産婦人科からの電話を待っていた。妻が破水し、病院へ担ぎこまれてからすでに三十時間近くが経っている。携帯電話などない時代、じっと耐えるしかなかった。

「明日も仕事なんだから」という妻の言葉に甘えず、無理をしてでも病院に寝泊まりすればよかったと後悔する。

こうなったら、いまからでも駆けつけようか。

堪《こら》えきれず玄関へ向かった直後、固定電話に併設されているファクシミリが、いきなり稼働しはじめた。なにごとかと驚く父の前で用紙が吐きだされ、床にひらひらと落ちる。

拾いあげてみると、用紙にはたった三文字、

〈ミゾシ〉

獣の爪痕を思わせる乱暴なカタカナが、はみださんばかりに殴り書きされていた。端

に記された送り主の番号は、まるで見覚えのない市外局番だったという。

これは、もしかして名前か。この名にしなさいという、お告げなのか。

父は逡巡のすえ、翌朝産まれた我が子を〈ミゾシ〉と命名したのである。


「……つまり〈ミゾシ〉というのは、あなたのお兄さんですか」

話を聞き終え、私は向かいに座るJ氏に訊ねた。仮名のイニシャルが示すとおり、彼の名前はJではじまる。ミゾシならMだから長兄だろうと考えたのである。

私の問いに、彼が「戸籍上はそうなりますかね。ま、実感ないですけど」と答える。

「実感がない……ですか」

「はい。役所へ出生届を出したその翌日、兄は急死したんで。オフクロは〝父が騙されて命名しなければ、いまも兄は生きていたはずだ〟と、しょっちゅう愚痴ってますよ。あの、それを訊きたくてお会いしたんですけど、そういう〝名前で呪う〟みたいな話ってあるんですか。ていうか、そもそもファックスを送ってきたのは誰なんですか」

的中

占い師の真矢さんには、以前とても親しくしていた同業者がいた。

Tさんという五十代半ばの女性で、よく当たると評判のタロット占い師だった。

あるとき、Tさんが「私、もう死ぬから」と、事務所を訪ねてきたことがあった。

真矢さんが事情を聞くと――

「この間、変わった依頼をしてきた客がいて。まだ若い女の子だったんだけど、『私と占い師さん、どっちが先に死ぬか、占えますか』なんて言ってきたのよ」

ふざけた依頼だと思ったが、Tさんは断らなかった。

いつものように占うと、タロットには〈自分が先に死ぬ〉と啓示された。

だが、その客とTさんとでは、年齢に開きがあるのは明らかである。

自分が先に死ぬのは当然だと考えて、彼女は占いの結果を伝えることにした。

――それ、外れてますね。私、癌《がん》で余命半年なんですよ。

そう言うと、その客は見料を払って出て行ってしまった。

「ちょっと気になって、その後も何度か占ったんだけど……カードには、私のほうが早死にするって必ず出るの。だから、いまのうちにお別れをしておこうと思って」

彼女はとても丁寧な物言いで、真矢さんに惜別の辞を述べたのだという。

Tさんが亡くなったのは、別れの挨拶を済ませた半月後のことである。

何の変哲もない階段で転び、頭部を強打したのが死因だった。

新鮮な花

飯塚さんの家の近くに交差点がある。先週の初め、その交差点の信号機に花束が供えられているのを見つけた。

どう見ても事故現場への献花だ。献花といっても、野に咲く花を集めたものである。事故に遭ったのは子供らしく、玩具や菓子も置いてある。

飯塚さんをはじめとして、それを見た近隣の住民全員が首をかしげた。交通量が少ないせいか、この交差点で大きな事故が起きたことはないのだ。

片づけるのも何となく気持ちが悪い。とりあえず、しばらく様子を見ようと決まった。

程なくして、供えた人物が分かった。

なんと、飯塚さんの一人娘、唯香ちゃんである。

何故、そんなことをしたのか訊かれた唯香ちゃんは、白い人に頼まれたからと答えた。

公園や路傍に咲く花を集めたのだという。献花がどういう意味を持つものかは分かっていなかった。

翌日も翌々日も、唯香ちゃんは花を供えようとした。止めようとしても、いつの間にか家を抜け出してやっている。

三日目の朝、唯香ちゃんはまた家を抜け出して交差点に向かい、突っ込んできた飲酒運転の車に撥《は》ねられてしまった。

摘んだばかりの花を握りしめたまま、信号機と車に挟まれて息絶えていたという。

婆ちゃんが死んでる

その日、U君が小学校から帰ると、居間で祖母が倒れていた。共働きの両親に代わって面倒を見てくれていた大好きな祖母、動揺した彼は慌てて隣家に駆け込むと、顔見知りのおじさんに向かって「婆ちゃんが！」と叫び助けを求めた。その様子から何かを察したのか、おじさんは血相を変えてU家へついて来てくれたのだが、ガラリと開けた玄関の向こう側で、祖母はのんびり茶を飲みながら再放送の時代劇を楽しんでいた。

「いや、大分怒られましたよね、なんつうイタズラするんだって。隣のおじさんからも、両親からも、もちろん祖母からも。僕としてはイタズラのつもり無かったんで何がなにやらって感じでしたけど」

それから二年後、小学四年生になった彼は再び、全く同じ状況に遭遇した。

「帰って来たら婆ちゃんが倒れてて、いやでも前もこうだったし、と。それで近くに寄って、話しかけたり顔を触ったりしてみたんですけど、なんの反応もなくて」

青白い顔をしており、握った手も冷たくなっている。子供なりに「ああ、これは死んでいる」と感じ、半べそをかきながら再び隣家に駆け込んだ。

「婆ちゃんが、婆ちゃんが」

しゃくりあげながら言うU君を見ておじさんは無言で駆け出すと、音を立ててU家の玄関を開け、その中を見た後で「この馬鹿ガキが」と言い、U君にゲンコツを見舞った。

「婆ちゃん、やっぱり普通に茶を飲んでて、そもそも倒れてすらいないとか言うし」

隣のおじさんに詫びを入れている祖母の姿を涙目で眺め、その晩、両親が菓子折りを持って謝りに行くのに同行した際は、なんとも言えない気持ちで自ら頭を下げた。

そんなこんなで更に二年後——。

「学校から帰って来たら婆ちゃんが倒れてました。一応、冷たくなってましたね。でもこれ、また同じことになるんじゃないかと思って、そのまま友達の家に遊びに行ったんです、見なかったことにして。そしたら三度目の正直じゃないですけど、そのまま」

友達の家から帰って来た十八時過ぎ、救急車の赤ランプが自宅前で明滅しているのを見て、彼は祖母が今度こそ本当に倒れていたのだと悟った。

「ええ、だからそれまでのように、あるいはあの日も隣のおじさんのところに駆け込んでいたら、祖母は何食わぬ顔で生きていやしなかったかと、今も考えたりします。僕が殺したわけじゃないんですけど、うん、結局、どうしたら良かったたんですかね」

歯無しの話

稔さんは齢八十半ばで総入れ歯なのだが、彼が歯を失ったのは歳をとってからではなく、小児の時だという。

六歳当時の稔さんは離婚した母親に連れられて、母の実家だという地方へ移住した。しかし、都会から越して来た子に周囲はよそよそしかった。同じ年頃の子と交流しようにも方言がきつく、話がよく聞き取れない。孤独な彼が退屈を紛らわせていたのは、家の裏山での一人遊びだった。

その日、裏山の斜面に小さな土山が盛り上がっているのを見つけた稔さんは、なんとなく土山の上に乗ってみた。ズックで土を踏みしめるのが楽しくなって、彼は体重をかけてジャンプを続け、土山が平らになるまで踏みならしてから帰宅した。

夕飯を頬張ろうと口を開けたとき、稔さんは口内に違和感を覚えた。口の中に小石が入っている？　食卓に向けて口を開くと、映画館でポップコーンをひっくり返した時のように、根っこのついた歯がぽろぽろとこぼれ出した。

一瞬にして彼の乳歯は全てが抜け落ちてしまった。驚愕した母親が彼を連れてすぐさま歯科医へ駆け込んだのだが、抜けた歯が元に戻るはずもなかった。

乳歯が抜けた後、ドライソケット（歯の抜けた穴が埋まらず、骨が露出した異常な状態）となり、稔さんは飲食のたび痛む歯茎に長く苦しんだという。

その後、永久歯が歯槽骨に埋没したまま生えて来ず、稔さんは六歳にして総入れ歯の作製を余儀なくされてしまった。


「うちの裏山は、土葬の仮埋葬所だったのさ。だから、埋められたばかりの死人を踏んで遊んでいたってことになるさ」

一人ぼっちで他の子と意思疎通も出来なかった稔さんは、家の裏山が土葬のための墓地で、普段は立ち入り禁止扱いだとは知らなかったのだ。

死体を踏んで遊んでさぞかし怒られたのかと思いきや、田舎ながらのおおらかさなのか、子供のしたこととて稔さんにはあまり責められた記憶はないという。

「どえらいことをしたけども、バチがこのくらいで済んで、命を取られんでよかった。結果、長生きできとるもんねえ」

話し終えた稔さんは入れ歯を外し、歯のない口をぱかっと開いて笑顔を見せた。

渇き

朝起きると、洗面所の蛇口から細く水が落ちている。

そんなことが幾日か続いた。レバーを押して操作する古い形の蛇口だった。前夜確実にレバーを上げたことを確認したし、何かが上から落ちた気配もない。そして自分はひとり暮らしである。

水道屋に見てもらったが、レバーが緩んでいるわけでもなく原因は分からないという。築三十年近い、親戚名義のマンションの一室。新しい蛇口に替えてもいいよと許可が出たので、交換を依頼した。取り付けられたのは、レバーを上げて水を出すタイプの蛇口だった。

起床時に水が流れていることはなくなったが、蛇口を交換した翌日から、洗面所の鏡が四隅からあり得ないスピードで錆びつき始めた。

ふと思いついて、寝る前にコップ一杯の水を洗面台に置くようにした。

以来、鏡の錆びつきは止まるどころか、消えていった。

「水を欲していたんでしょうね」は、体験者・城田さんの談である。

ドア女

家のドアのひとつが急に重くなった。開け閉めが、どうもなめらかではない。蝶番《ちょうつがい》が緩んでいるのかと見てみたが、とくに異常は見られず。家が歪んでいるのではないかと不安になっていたところ、来訪した知人女性から「ドアに女の人が下がってるよ」と指摘された。

相当、視《み》えてしまう人だとは聞いていたので、その点は驚かなかったのだが、ドアの重みの理由にはショックを受ける。まさか原因が霊だとは思わなかった。

下がってるとはどういう状況なのかと訊くと、「こうしてドアに両手をかけて懸垂《けんすい》しているみたいだ」と、その様子を同じドアで再現してくれた。まるで落ちまいと必死につかまっているように見えるので、知りあいに山などで転落死した人はいないかと問われたが、まるで心当たりがない。

ある朝、ドアが軽くなっていることに気づいた。とうとう女が落ちたのかなと思った。その週、よく行っていた立ち飲み屋の女将が飛び降り自殺をした。

本当に自ら飛び降りたのかと疑っている。

宅配

義朗さんは休みの日に昼食のあとお菓子を食べすぎてお腹が痛くなった。胃薬を飲んで横になり、スマホで動画を見ていたら急速に眠気が襲う。うとうとしていたらインターホンが鳴った。受け取る荷物があったことを思い出し、しぶしぶ起き上がって玄関へ行く。通販サイトの段ボールを抱えてもどってきたら、部屋の床に誰かが大口を開けよだれを垂らして大の字になっていたという。服装と寝顔を見てそれが自分自身だと気づいたとき、ショックのあまり手にしていた荷物を取り落としてしまった。

ドスン、という響きを耳元で聞いて義朗さんは目を覚ました。はっとして半身を起こすと、床に無造作に置かれた通販サイトの段ボールが目に入る。開封してみると、たしかに今日届くことになっていたブルーレイＢＯＸだったそうだ。

荷物が床に落ちたとき、頬に当たった風を生々しく覚えているという。

恩人

Mさんは幼い頃、海で溺れた。近くに居た男の人が危ういところを助けてくれた。

以来、四十年ほど件の男性は彼女の近くで暮らしている。町で会う、店で会う、駅で会う。いつもニコニコと『あの時は本当に危なかったね』と話しかけてくる。会う度に身なりはだらしなく、歯は抜け、躯はぶよぶよとし、酒の臭いがした。結婚し実家を遠く離れたが、そこにも恩人は現れた。足を引きずり、目が片方潰れていた。夫の転勤で地方へ移った時にも恩人は現れた。恩人のことは夫や姑達には話さなかった。話せば彼らを巻き込んでしまうような気がしていた。次第に彼女は挨拶するのを怖れ、恩人を目にすると逃げるようになった。その頃から近所の電柱に『おんしらず』と落書きがされるようになった。ある時、帰宅すると室内の壁に『たすけなければよかった』とあった。驚いて雑巾で拭き取った処で帰宅した夫が『なにをしている』と硬い声で云った。遂に観念して訳を説明するとMさんは彼女の実家に連れて行かれ、一枚の写真を母から見せられた――恩人だった。『この人はもうとっくの昔に亡くなっているんだよ。何度も云っただろ』と泣かれた。しかし、今でも彼女は恩人を町で見ることがある。

だれの

ほら、めっちゃ歯応えの強いグミ売ってるじゃないですか。ウチのサークルでブームになって、あたしもちょっと中毒みたいな感じで毎日食べてたんです。

そしたら先月、グミを食べてる最中にバキキキって異物感があって。

「あ、ヤバ。歯の詰め物とれたかも」と本気で焦って、掌にグミを吐きだしたんですね。

そしたら──詰め物じゃなくて、歯なんです。歯が根本からまるごと抜けてたんです。

急いで歯医者に駆けこんだんですけど、思ったとおり「どの歯も抜けてませんね」って言われちゃって。いやホント、なんなのコレって思いますよ。思いません？

あ、はい。さっきあたし、「思ったとおり」って言いましたよ。

だって、自分のものじゃない歯が口から出てくるの、これで六度めなんで。

◉著者紹介

我妻俊樹（あがつま・としき）
『実話怪談覚書 忌之刻』にて単著デビュー。著書に「実話怪談覚書」「奇々耳草紙」「忌印恐怖譚」「奇談百物語」各シリーズ。共著に「FKB饗宴」「てのひら怪談」「ふたり怪談」「怪談五色」「怪談四十九夜」「瞬殺怪談」各シリーズ、『猫怪談』など。

小田イ輔（おだ・いすけ）
「実話コレクション」「怪談奇聞」各シリーズ、共著に「怪談四十九夜」「瞬殺怪談」「奥羽怪談」各シリーズ、『未成仏百物語』など。原作コミック『厭怪談 なにかがいる』（画・柏屋コッコ）もある。

黒木あるじ（くろき・あるじ）

怪談作家として精力的に活躍。「怪談実話」「無惨百物語」「黒木魔奇録」「怪談売買録」「奥羽怪談」各シリーズ、『山形怪談』など。共著では「FKB饗宴」「怪談五色」「ふたり怪談」「怪談四十九夜」「瞬殺怪談」各シリーズ、『実録怪談 最恐事故物件』『未成仏百物語』など。『掃除屋 プロレス始末伝』『葬儀屋 プロレス刺客伝』など小説も手掛ける。

黒 史郎（くろ・しろう）

小説家として活動する傍ら、実話怪談も多く手掛ける。「黒異譚」「実話蒐録集」「異界怪談」各シリーズ、『川崎怪談』『黒塗怪談 笑う裂傷女』『黒怪談傑作選 闇の舌』『ボギー 怪異考察士の憶測』ほか。共著に「FKB饗宴」「怪談五色」「百物語」「怪談四十九夜」「瞬殺怪談」各シリーズ、『未成仏百物語』など。

神　薫（じん・かおる）

静岡県在住の現役の眼科医。『怪談女医 閉鎖病棟奇譚』で単著デビュー。『静岡怪談』『怨念怪談 葬難』『骸拾い』など。共著に「怪談四十九夜」「瞬殺怪談」各シリーズ、『現代怪談 地獄めぐり 業火』など。女医風呂 物書き女医の日常 https://ameblo.jp/joyblog/

つくね乱蔵（つくね・らんぞう）

『恐怖箱 厭怪』で単著デビュー。『恐怖箱 厭満』『恐怖箱 厭福』『恐怖箱 厭熟』『恐怖箱 厭還』など。共著に「怪談四十九夜」「瞬殺怪談」「怪談五色」「恐怖箱テーマアンソロジー」各シリーズなど。ホラーライトノベルの単著に『僕の手を借りたい。』ほか、黒川進吾の名でショートショートも発表、共著『ショートショートの宝箱』もある。

真白　圭（ましろ・けい）

第四回『幽』実話怪談コンテスト佳作入選後、本格的に怪談蒐集を開始する。著書に「実話怪事記」シリーズ、『生贄怪談』『暗黒百物語 骸』など、共著に「怪談四十九夜」シリーズなど。

松本エムザ（まつもと・えむざ）

主婦業の傍ら小説を執筆。恋愛、ホラー、ショートショート、実話怪談と幅広いジャンルのアンソロジーに参加。著者に『誘ゐ怪談』『実話異聞 貰い火怪談』『実話異聞 狐火怪談』、共著に『現代実話異録 村怪談』『恐怖箱 霊山』『恐怖箱 呪霊不動産』など。怪異の中で仄かに灯る、人の優しさ、希望を見出した瞬間が至福。栃木県在住。

鷲羽大介（わしゅう・だいすけ）

一七四センチ八九キロ。右投げ右打ち。「せんだい文学塾」代表。著書に『暗獄怪談 憑かれた話』、共著に「江戸怪談を読む」シリーズ『猫の怪』『皿屋敷 幽霊お菊と皿と井戸』、「奥羽怪談」「怪談四十九夜」「瞬殺怪談」各シリーズなど。

平山夢明（ひらやま・ゆめあき）

『「超」怖い話』「怖い話」「顳顬草紙」「鳥肌口碑」「瞬殺怪談」各シリーズ、狂気系では「東京伝説」シリーズ、監修に「ＦＫＢ饗宴」シリーズなど。ほか初期時代の『「超」怖い話』シリーズから平山執筆分をまとめた「平山夢明恐怖全集」や『怪談遺産』など。

瞬殺怪談 呪飢

2023年3月6日　初版第1刷発行

著者…………………………　我妻俊樹、小田イ輔、黒木あるじ、黒 史郎、神 薫、つくね乱蔵
真白 圭、松本エムザ、鷲羽大介、平山夢明

デザイン・DTP　…………………………………………… 荻窪裕司（design clopper）
企画・編集　…………………………………………………………… Studio DARA

発行人……………………………………………………………………… 後藤明信
発行所………………………………………………………………… 株式会社 竹書房
〒102-0075　東京都千代田区三番町８－１　三番町東急ビル６F
email：info@takeshobo.co.jp
http：//www.takeshobo.co.jp
印刷所……………………………………………………… 中央精版印刷株式会社